THÉORIE ANALYTIQUE

DU

SYSTÈME DU MONDE.

PAR

G. DE PONTÉCOULANT,

Ancien élève de l'École Polytechnique, Colonel d'État-major, Officier de la
Légion d'honneur et de l'ordre de Léopold de Belgique, membre de la
Société royale et de la Société astronomique de Londres, des Académies
des Sciences de Berlin, de Palerme, etc.

SUPPLÉMENT AU LIVRE VII.

PARIS,

MALLET-BACHELIER, IMPRIMEUR-LIBRAIRE

DE L'ÉCOLE POLYTECHNIQUE, DU BUREAU DES LONGITUDES.
Quai des Augustins, 55.

1860

THÉORIE ANALYTIQUE

DU

SYSTÈME DU MONDE.

SUPPLÉMENT AU LIVRE VII.

Sur l'équation séculaire de la Lune.

Dans le n° 94 du VIIe Livre de la *Théorie du Système du Monde*, j'ai donné l'expression analytique de l'*équation séculaire* de la longitude moyenne de la Lune en n'ayant égard qu'à la première puissance de la force perturbatrice du Soleil ; je me suis dispensé de prendre en considération les quantités dépendantes du carré et des puissances supérieures de cette force, parce que, d'après une remarque de M. Plana, qui a porté l'approximation jusqu'aux termes du 7e ordre par rapport à la très-petite quantité m qui exprime le rapport des moyens mouvements du Soleil et de la Lune (*), les inégalités qui en résultent, sans être absolument insensibles, se compensent de telle manière, qu'elles n'apportent qu'une correction à peu près insignifiante à la valeur de l'*équation séculaire* déterminée par la première approximation. Cependant j'ai

(*) *Voir* la note II du VIIe Livre.

Supplément au VIIe livre.

senti qu'un résultat aussi important dans la théorie de la Lune ne pouvait être adopté *de confiance*, quelque garantie que pût présenter l'habileté de l'astronome qui l'avait le premier énoncé ; je me suis donc décidé à reprendre en entier le calcul du coefficient de l'*équation séculaire* en poussant les approximations aussi loin que l'avaient fait MM. Damoiseau et Plana, l'un dans son beau Mémoire couronné par l'Académie des Sciences en 1820, l'autre dans son grand ouvrage publié en 1830, de manière à lever désormais toute incertitude sur un point encore mal connu de la théorie des perturbations lunaires. C'est l'objet que je me suis proposé dans ce Supplément ; une discussion récente, qui s'est élevée au sein de plusieurs sociétés savantes, sur la véritable valeur que la théorie assigne au coefficient de cette inégalité et sur les formules les plus convenables à employer pour le déterminer avec exactitude, n'a fait que me confirmer davantage dans le dessein que j'avais formé, et je n'ai pas hésité à entreprendre le travail long et pénible que cette recherche exigeait, du moment que j'ai été assuré que ses résultats pourraient être de quelque utilité à la fois pour l'astronomie théorique et pratique. En effet, les astronomes ne sont guère plus d'accord que les géomètres sur l'évaluation exacte du coefficient de l'*équation séculaire* de la Lune. Dunthorne, qui, après que Halley eut reconnu pour la première fois l'existence de cette équation, tenta de le déterminer par la comparaison des observations, le trouva de $9'',63$. Mayer, dans ses premières Tables, le réduisit à $6'',67$; il l'a élevé ensuite à $8'',58$ dans les dernières. Lalande, par ses

propres investigations, confirma le résultat de Dunthorne. Bouvard, comme on l'a vu dans le Cha-
pitre VII, par une nouvelle discussion des anciennes
éclipses déjà connues, et de celles qu'il avait extraites
d'un manuscrit arabe d'Ibn Junis, trouva un résultat
peu différent de $9'',69$, c'est-à-dire du coefficient que
Laplace avait déterminé par la théorie en n'ayant
égard qu'à la première puissance de la force perturbatrice : c'est ce résultat que Mason a adopté
dans ses Tables. Enfin, des travaux récents faits par
M. Airy, le savant directeur de l'observatoire de
Greenwich, tendent à montrer que toutes ces évaluations sont de quelques secondes au-dessous de la vé-
rité, et que pour représenter les anciennes observations qu'il a eu à considérer, il devrait être élevé à
$12''$ au moins et peut-être encore au delà. Il était donc
d'un grand intérêt de savoir avec précision ce que
déciderait la théorie sur une question où sans doute
pendant longtemps encore elle doit devancer la pratique en exactitude, soit à cause de l'incertitude des
observations anciennes, soit à raison du trop court
intervalle que les nouvelles embrassent; mais les méthodes suivies jusqu'à présent pour déterminer le coefficient de l'équation séculaire de la Lune par l'analyse
m'ont paru peu propres à atteindre ce but. En effet,
tous les géomètres et les astronomes qui se sont occupés
de le déterminer de cette manière en portant plus ou
moins loin les approximations, se sont invariablement
astreints à développer la formule donnée par Laplace
dans la *Mécanique céleste*, et dont ce grand géomètre
s'est borné à calculer le premier terme, ou celui qui

est donné par l'approximation dans laquelle on ne considère que la première puissance de la force perturbatrice. Or cette formule, fondée sur les équations différentielles du mouvement troublé où l'on prend la longitude vraie de l'astre troublé pour la variable indépendante du problème, ne donne point directement l'*équation séculaire* du moyen mouvement lunaire ; ce qu'elle offre véritablement au géomètre qui l'emploie, c'est l'*équation séculaire* de la longitude vraie dans l'expression de la longitude moyenne développée en fonction de la première longitude. On parvient, il est vrai, en changeant la formule de signe et en substituant, sous le signe intégral qu'elle renferme, le moyen mouvement lunaire à la place de la longitude vraie, à en conclure l'*équation séculaire* sous la forme qu'il convient de lui donner pour l'usage des Tables ; on suppose d'ailleurs que cette transformation est permise sans qu'il puisse en résulter aucune erreur sensible sur le résultat final : mais ce sont là de ces hypothèses purement gratuites qui laissent toujours quelques doutes dans l'esprit et dont un calcul exact et rigoureux pourrait seul prouver d'une manière irréfragable la légitimité. J'ai donc pensé que le moment était venu de faire cesser l'espèce d'anarchie qui règne encore aujourd'hui dans les deux camps de l'astronomie théorique et pratique sur un point aussi essentiel au perfectionnement de la théorie lunaire, et que la plus belle des découvertes de Laplace méritait bien qu'on prît la peine de s'assurer d'une manière évidente que les puissances supérieures de la force perturbatrice n'altèrent pas l'accord, presque complet, que par un merveilleux hasard il avait rencontré entre les résultats de la théorie et de l'observation, en ne tenant compte que de la première puissance de cette force; hasard ou bonheur, il faut le dire, d'autant plus étonnant, que les termes de cet ordre altèrent si sensiblement la plupart des autres inégalités lunaires, qu'il faut pousser très-loin les approximations pour parvenir à les représenter par l'analyse : c'est ainsi que la considération des termes dépendant du carré de la force perturbatrice donne exactement la valeur du moyen mouvement du périgée dont la première puissance n'avait fourni que la moitié, et qu'elle altère dans un rapport beaucoup plus grand encore l'*équation séculaire* dont ce mouvement est affecté. Je ne pouvais non plus hésiter sur le choix des formules à employer dans cette recherche, celles que j'ai données dans le n° 1 du VIIᵉ Livre, et par lesquelles j'ai le premier ramené la détermination de toutes les inégalités *périodiques* ou *séculaires* du mouvement lunaire, aux équations différentielles employées pour déterminer les mouvements des corps planétaires, étaient évidemment celles qui devaient les premières se présenter à ma pensée. En effet, ces formules donnent directement les coordonnées de l'astre troublé en fonction de sa longitude moyenne, ou, ce qui revient au même, en fonction du temps, c'est-à-dire sous la forme même qu'on est obligé de faire prendre à ces expressions pour la construction des Tables astronomiques; elles n'ont besoin ni de préparations préliminaires dans les expressions elliptiques qu'on emploie, ni de pénibles conversions pour ramener, par le retour des suites, à

la forme ordinaire les longs développements des séries
auxquelles on est conduit par l'analyse; enfin, cette
méthode doit donner évidemment la véritable expression de l'équation séculaire sous la forme qui lui convient pour la comparaison des observations anciennes
et modernes, sans qu'il soit besoin d'altérer la formule ou de lui faire subir aucune transformation dans
laquelle on doit toujours craindre qu'il ne se perde
quelque partie de la valeur cherchée (partie précieuse
sur un élément qui ne s'élève pas à $10''$), comme il
arrive, par une comparaison grossière, mais exacte,
à un liquide qu'on verse d'un vase dans un autre.
On verra d'ailleurs que la méthode dont il s'agit, en
même temps qu'elle est sans doute la plus exacte et la
plus directe, est aussi la plus avantageuse qu'on puisse
appliquer à la détermination de *l'équation séculaire;*
elle donne avec une grande facilité, comparativement
du moins à la méthode ordinaire, et par des opérations symétriques, toutes les parties qui doivent con-
courir à former son coefficient; la combinaison des
formules présentées dans les Chapitres II et III du
Livre VII, suffisent pour les obtenir sans même qu'il
soit besoin, excepté dans quelques occasions particulières, de pousser le développement de ces formules
plus loin que nous ne l'avons fait dans les Chapitres
cités; elles donnent ainsi, sans exception, par l'analyse
la plus directe et la plus uniforme, toutes les inégalités
séculaires et périodiques du mouvement de notre sa-
tellite, comme elles ont donné celles des mouvements
planétaires, et l'on pourrait dire de cette méthode,
que M. Lubbock et moi nous avons introduite *pour la*

première fois dans la théorie de la Lune (*voir* le préambule du Livre VII), ce que Laplace a dit de la cause qui produit son *équation séculaire* : « On serait sans doute étonné des efforts dans lesquels se sont consumés les géomètres pour en imaginer d'autres, si l'on ne savait que les idées les plus simples sont toujours les dernières qui s'offrent à l'esprit humain. »

1. La détermination de l'*équation séculaire* qui affecte la longitude moyenne de la Lune exige que l'on connaisse le rapport qui existe entre le moyen mouvement dans l'orbite troublée et celui qui aurait lieu dans l'orbite elliptique, c'est-à-dire dans l'orbite que la Lune décrirait autour de la Terre sans l'action du Soleil. Nous allons donc nous occuper de déterminer ce rapport avec toute l'exactitude que commande un élément aussi important dans la théorie du mouvement lunaire.

Pour cela, désignons par n le moyen mouvement pendant l'unité de temps dans l'orbite troublée, c'est-à-dire celui qui se déduit naturellement des observations, et par n_1 la même quantité relative au mouvement dans l'ellipse ; nommons respectivement a et a_1 les demi grands axes qui répondent à n et n_1 ou qui s'en déduisent, dans le cas où l'on suppose, comme nous le faisons (n° 1, Livre VII,), la somme des masses de la Terre et de la Lune égale à l'unité, au moyen des équations $a^3 n^2 = 1$ et $a_1^3 n_1^2 = 1$; c'est la fonction qui exprime le rapport de n à n_1, ou, ce qui revient au même, celui de a à a_1, que nous nous proposons de déterminer, en portant les développements jusqu'au même ordre de quantités que nous avons considérées dans l'expression des principales inégalités du mouvement troublé de la Lune.

Reprenons d'abord l'équation qui détermine les perturbations du rayon vecteur. On a, n° 10, Livre VII,

$$\frac{d^2 r^2}{2\,dt^2} - \frac{1}{r} + \frac{1}{a_1} = 2 \int d'\mathrm{R} + r\frac{d\mathrm{R}}{dr}. \qquad (1)$$

La constante a_1, dans cette équation, est supposée représenter ici le demi grand axe de l'ellipse que la Lune décrirait sans l'intervention des forces perturbatrices; désignons par a ce que devient a_1 quand on a égard à ces forces, en négligeant simplement dans l'équation (1) les termes périodiques, on aura

$$\frac{1}{a} = \frac{1}{a_1} - r\frac{d\mathrm{R}}{dr} = \frac{1}{a_1} - 2\,\mathrm{R}_0,$$

en observant qu'on a généralement

$$r\frac{d\mathrm{R}}{dr} = 2\,\mathrm{R}.$$

De cette équation on tire

$$\frac{a}{a_1} = 1 + 2a\,\mathrm{R}_0 = 1 + p, \qquad (2)$$

en désignant par p une certaine fonction des éléments des orbites de la Lune et du Soleil qui sera déterminée par l'équation

$$p = 2a\,\mathrm{R}_0. \qquad (3)$$

Considérons maintenant l'équation qui détermine les perturbations de la longitude. On a, n° 27, livre VII,

$$\frac{dv}{dt} = \frac{h}{r^2} + \frac{1}{r^2} \int \left(\frac{d\mathrm{R}}{dv}\right) dt. \qquad (4)$$

Cette équation, lorsqu'on fait abstraction des forces

perturbatrices, donne simplement

$$\frac{dv}{dt} = \frac{h}{r^2}.$$

La constante a représentant la distance moyenne de la Lune à la Terre et n le moyen mouvement qui lui correspond, nous supposerons qu'on ait introduit ces quantités dans les formules mêmes du mouvement elliptique, en désignant alors par $\frac{1}{a^2}(1 + \epsilon)$ la partie constante de la fonction $\frac{1}{r^2}$ et faisant abstraction des termes simplement périodiques, ce qui donne $\frac{dv}{dt} = n$; on aura dans ce cas

$$n = \frac{h(1 + \epsilon)}{a^2}, \qquad (5)$$

où $(1 + \epsilon)$ désigne une certaine fonction de l'excentricité e de l'orbite lunaire, qui, multipliée par h, doit, d'après les règles du mouvement elliptique, se réduire à l'unité lorsqu'on aura substitué pour h sa valeur.

Supposons maintenant qu'on ait développé l'équation (4) en faisant abstraction, comme nous l'avons dit, des termes périodiques, et qu'on désigne généralement par $\frac{h(1 + \epsilon)P}{a^2}$ ce que les forces perturbatrices auront ajouté à la formule (5), en observant que, dans le cas du mouvement troublé, on a supposé $\frac{dv}{dt} = n$; on aura

$$n = \frac{h(1 + \epsilon)}{a^2}(1 + P),$$

ou bien, faisant pour simplifier $(1 + \epsilon)(1 + P) = 1 + \Pi$

et remplaçant a par sa valeur tirée de l'équation (2),

$$n = \frac{h\,(1 + \Pi)}{a_1^2\,(1 + p)^2}. \tag{6}$$

Dans le cas du mouvement elliptique, on sait que l'on a $h = \sqrt{a_1\,(1 - e^2)}$, et l'on peut représenter en général cette quantité par une fonction de la forme $\sqrt{a_1\,(1 - e^2)}\,(1 + Q)$, où Q désigne une quantité dépendante des forces perturbatrices, qui se réduit à zéro quand on fait abstraction de ces forces. En substituant donc cette valeur dans l'équation (6) et en observant que l'on a, d'après ce qui précède, $a_1^{-\frac{3}{2}} = n_1$, cette formule fera connaître le rapport cherché de n à n_1.

Il ne s'agira donc que de développer l'équation (6) pour obtenir le principal élément nécessaire à la détermination de l'*équation séculaire* ; il faudra seulement se rappeler, en opérant ce développement, ainsi que celui de l'équation (2), que nous avons supposé que l'on avait introduit dans les formules mêmes du mouvement elliptique, et par conséquent dans celles du mouvement troublé, qui s'en déduisent, la constante a qui sert à lier entre elles les constantes a et a_1, et qui facilite la recherche de la fonction qui exprime leur rapport. Telle serait par conséquent la marche la plus naturelle qu'il conviendrait de suivre, si l'on voulait déterminer directement l'*équation séculaire* de la Lune, indépendamment de ses autres inégalités ; mais lorsqu'on a déjà déterminé, comme nous l'avons fait dans les Chapitres II et III du Livre VII, l'expression du rayon vecteur dans l'orbite troublée, on peut obtenir, immédiatement et presque sans calcul, ce rapport au moyen des quantités déjà connues, ce qui évite une suite longue et pénible d'opérations laborieuses, et offre l'un des avantages les plus précieux de la méthode que nous avons suivie.

En effet, la constante auxiliaire a désignant, comme nous l'avons supposé, la distance moyenne de la Lune à la Terre, il est évident que si l'on introduit cette quantité dans les formules mêmes du mouvement elliptique, et qu'on détermine ensuite les perturbations du rayon vecteur au moyen des formules ordinaires du mouvement troublé, on obtiendra une expression de la forme

$$\frac{a}{r} = 1 + H,$$

en représentant par H une suite de termes périodiques; dans les formules des Chapitres II et III, nous avons introduit immédiatement le demi grand axe a de l'orbite troublée dans les expressions relatives au mouvement elliptique, et nous avons trouvé (n° 15, Livre VII) pour déterminer les perturbations du rayon vecteur une expression de la forme

$$\frac{a}{r} = 1 + a_0 + K,$$

en représentant par K une nouvelle suite de termes simplement périodiques : la comparaison de ces deux expressions donne évidemment

$$\frac{a}{a} = 1 + a_0, \tag{7}$$

équation qui détermine immédiatement le rapport de a à a et où tout est connu, puisque a_0, qui représente le premier terme ou la partie non périodique de la fonction $\delta\frac{1}{r}$, n° 5, Livre cité, a été supposée calculée par les approximations successives. L'équation

$$\frac{a}{a_1} = 1 + p$$

fait connaître d'ailleurs le rapport de a à a_1; en multipliant ces deux équations l'une par l'autre, on aura par conséquent

$$\frac{a}{a_1} = (1 + a_0)(1 + p), \tag{8}$$

équation qui fera connaître le rapport cherché de a à a_1, et où il n'y aura d'inconnu que la fonction p, qui se déduira du reste d'une manière très-simple des quantités que nous avons déjà déterminées dans les recherches antérieures.

La détermination du rapport de a à a_1, ou de celui de n à n_1, qui s'en déduit sans peine, ne présenterait donc aucune difficulté si les quantités a_0 et p, qui entrent dans l'équation (8), avaient été calculées avec une exactitude suffisante au degré d'approximation que nous voulons obtenir dans l'évaluation du coefficient de *l'équation séculaire*; mais, pour ne rien laisser à désirer sur cet objet, nous nous proposons de poursuivre les développements au delà même des termes qui paraissent généralement pouvoir présenter des résultats appréciables dans l'évaluation des coefficients des autres inégalités, et nous serons obligé par conséquent de porter la précision, pour quelques-uns d'entre eux, plus loin que nous ne l'avions fait dans les Chapitres II et III du Livre VII, où nous nous sommes arrêté à ce qui semblait suffisant pour l'objet que nous nous proposions alors ; nous allons donc reprendre d'abord la détermination de la valeur du coefficient a_0, en suivant la marche que nous avons tracée dans les n°s 23, 50 et 69 du Livre cité.

2. Pour cela, reprenons l'équation (14) du n° 23, Livre VII ; en observant qu'en n'ayant égard qu'aux termes non périodiques on a $\frac{rd^2r}{dt^2} = -\frac{dr^2}{dt^2}$, elle pourra s'écrire ainsi :

$$\frac{h^2}{r^2} = -\frac{dr^2}{dt^2} + \frac{1}{r} - \left(\frac{dR}{dr}\right) - \frac{2\,dv}{dt}\int\left(\frac{dR}{dv}\right)dt + \frac{1}{r^2}\left[\int\left(\frac{dR}{dv}\right)dt\right]^2. \quad (9)$$

Les termes dont nous nous proposons de poursuivre le développement dans l'expression du coefficient indéterminé a_0, sont ceux qui s'y trouvent multipliés par les facteurs e'^2 et $e^2 e'^2$ et qui, à raison de leur variation, ont la plus grande influence sur la valeur du coefficient de l'équation séculaire. Il faut donc nous occuper d'abord de porter relativement à ces termes le développement de la fonction perturbatrice, qui entre dans la formule précédente, beaucoup plus loin que nous ne l'avons fait dans le n° 45, Livre VII. En poursuivant la marche indiquée dans le n° 13 et en conservant les termes du 4e ordre dans l'expression de la fonction ∂R, qui devient ainsi

$$\partial R = -\left(r\frac{dR}{dr}\right)\left(\delta\frac{1}{r}\right) - \left(\frac{dR}{dv}\right)\delta v$$
$$- 3R\left(r\,\delta\frac{1}{r}\right)^2 - 2\left(\frac{dR}{dv}\right)\left(r\,\delta\frac{1}{r}\right)\delta v + \frac{1}{2}\left(\frac{d^2R}{dv^2}\right)\delta v$$
$$+ R\left(r\,\delta\frac{1}{r}\right) - \left(\frac{dR}{dv}\right)\left(r\,\delta\frac{1}{r}\right)\delta v - \left(\frac{d^2R}{dv^2}\right)\left(r\,\delta\frac{1}{r}\right)\delta v$$
$$+ \frac{2}{3}\left(\frac{d^3R}{dv^3}\right)\delta v.$$

j'ai trouvé

$$\delta R = \left(\frac{3}{8}m^2 - \frac{799}{64}m^4 - \frac{2619}{32}m^5 - \frac{302389}{768}m^6 - \frac{830085}{576}m^7\right)e'$$
$$+ \left(\frac{9}{16}m^2 + \frac{825}{64}m^3 + \frac{241719}{512}m^4 + \frac{926499}{256}m^5\right)e^2 e'^2.$$

En négligeant l'excentricité de l'orbe lunaire, on a,
n° 50, Livre VII,

$$r = 1 - \delta\frac{1}{r} + \left(\delta\frac{1}{r}\right)^2 - \left(\delta\frac{1}{r}\right)^3 + \text{etc.},$$

d'où l'on a conclu, n°ˢ 31 et 50,

$$r = \frac{3}{2}m^2 e' \cos\varphi'$$
$$- \left[m^2 + \frac{19}{6}m^3 + \frac{125}{13}m^4 + \frac{799}{54}m^5 - \left(\frac{5}{2}m^2 + \frac{230}{12}m^3 + \frac{1371}{18}m^4 + \frac{1205}{108}m^5\right)e'^2\right]\cos 2\xi$$
$$- \left(\frac{7}{2}m^2 + \frac{157}{8}m^3 + \frac{3365}{48}m^4 + \frac{16185}{96}m^5\right)e' \cos(2\xi - \varphi')$$
$$+ \left(\frac{m^3}{3} + \frac{91}{24}m^3 + \frac{1025}{144}m^4 - \frac{28883}{864}m^5\right)e' \cos(2\xi + \varphi').$$

En différentiant cette quantité, en l'élevant ensuite au
carré, et en négligeant dans le résultat tous les termes
périodiques, on a formé la suivante :

$$\frac{de^2}{dt^2} = \left(15 m^4 + \frac{351}{3}m^5 + \frac{90399}{144}m^6 + \frac{72897}{27}m^7\right)e'^2. \qquad (a)$$

L'expression précédente de δR, en observant que
l'on a $r\frac{dR}{dr} = 2R$, donne

$$r\frac{dR}{dr} = \left(\frac{3}{4}m^2 - \frac{799}{32}m^4 - \frac{2619}{16}m^5 - \frac{302389}{384}m^6 - \frac{830085}{288}m^7\right)e'^2, \qquad (b)$$

d'après la valeur de v, n° 133, Livre VII, on a

$$\frac{dv}{dt} = -3m^2 e' \cos \varphi'$$
$$+ \left[\frac{11}{4} m^2 + \frac{85}{12} m^3 + \frac{539}{36} m^4 + \frac{3031}{108} m^5 - \left(\frac{55}{8} m^2 + \frac{1317}{24} m^3 \right.\right.$$
$$\left.\left. + \frac{12433}{72} m^4 - \frac{8345}{432} m^5 \right) e'^2 \right] \cos 2\xi$$
$$+ \left(\frac{27}{8} m^2 + \frac{727}{16} m^3 + \frac{4577}{32} m^4 + \frac{23713}{96} m^5 \right) e' \cos (2\xi - \varphi')$$
$$- \left(\frac{11}{8} m^2 + \frac{481}{48} m^3 + \frac{5795}{288} m^4 - \frac{23117}{864} m^5 \right) e' \cos (2\xi + \varphi').$$

On a d'ailleurs, n°s 18 et 46 :

$$- \int \left(\frac{dR}{dv} \right) dt = \left(\frac{291}{16} m^4 + \frac{1477}{12} m^5 \right) e' \cos \varphi'$$
$$- \left[\left(\frac{3}{4} m^2 + \frac{3}{4} m^3 + \frac{1}{2} m^4 + \frac{1}{2} m^5 - \left(\frac{15}{8} m^2 + \frac{87}{8} m^3 \right.\right.\right.$$
$$\left.\left.\left. + 14 m^4 - \frac{2029}{16} m^5 \right) e'^2 \right] \cos 2\xi$$
$$- \left(\frac{21}{8} m^2 + \frac{99}{16} m^3 + \frac{305}{32} m^4 - \frac{669}{32} m^5 \right) e' \cos (2\xi - \varphi')$$
$$+ \left(\frac{3}{8} m^2 + \frac{39}{16} m^3 - \frac{1}{32} m^4 - \frac{1127}{32} m^5 \right) e' \cos (2\xi + \varphi').$$

En combinant ces valeurs et négligeant les termes périodiques, on a conclu

$$\left. - \frac{2\,dv}{dt} \int \left(\frac{dR}{dv} \right) dt = \left(- \frac{495}{32} m^4 - \frac{1593}{16} m^5 - \frac{188957}{384} m^6 \right.\right.$$
$$\left.\left. - \frac{156729}{72} m^7 \right) e'^2. \right\} \quad (c)$$

On a trouvé, n°s 28 et 55,

$$\frac{1}{r^2} \int \left(\frac{dR}{dv} \right) dt = \left[\frac{3}{4} m^2 + \frac{3}{4} m^3 + \frac{3}{4} m^4 + \frac{3}{4} m^5 - \left(\frac{15}{8} m^2 + \frac{87}{8} m^3 + \frac{141}{8} m^4 \right.\right.$$
$$\left.\left. - \frac{1887}{16} m^5 \right) e'^2 \right] \cos 2\xi$$
$$+ \left(\frac{11}{8} m^2 + \frac{99}{16} m^3 + \frac{297}{32} m^4 - \frac{639}{32} m^5 \right) e' \cos (2\xi - \varphi')$$
$$- \left(\frac{3}{8} m^2 + \frac{39}{16} m^3 + \frac{39}{32} m^4 - \frac{1065}{32} m^5 \right) e' \cos (2\xi + \varphi').$$

En combinant cette valeur avec la valeur précédente de $-\int\left(\dfrac{dR}{d\varpi}\right)dt$ et en rejetant les termes d'un ordre supérieur à ceux que nous considérons, on a trouvé

$$\frac{1}{r^2}\int\left[\left(\frac{dR}{d\varpi}\right)dt\right]^2 = \left(\frac{135}{64}m^4 + \frac{243}{32}m^5 + \frac{6615}{256}m^6 + \frac{4167}{64}m^7\right)e'^2. \qquad (d)$$

Si l'on substitue les différentes valeurs marquées (a), (b), (c) et (d) dans la formule (9), et qu'on suppose de plus $\dfrac{1}{r} = \alpha_0 e'^2$, on trouvera la suivante :

$$\frac{h^2}{r^2} = \left(\alpha_0 - \frac{3}{4}m^2 - \frac{217}{64}m^4 - \frac{1449}{32}m^5 - \frac{78473}{256}m^6 - \frac{1111295}{576}m^7\right)e'^2. \qquad (e)$$

Déterminons de la même manière les termes de l'expression de $\dfrac{h^2}{r^2}$ qui seront multipliés par le facteur $e^2 e'^2$.

On aura dans ce cas, n° 35, pour déterminer r la formule

$$r = r_1 - r_1^2\,\partial\frac{1}{r} + r_1^3\left(\partial\frac{1}{r}\right)^2 - r_1^4\left(\partial\frac{1}{r}\right)^3 + \text{etc.,}$$

et en substituant dans cette expression pour r_1, r_1^2, r_1^3, etc., leurs valeurs elliptiques et pour $\partial\dfrac{1}{r}$, $\left(\partial\dfrac{1}{r}\right)^2$, $\left(\partial\dfrac{1}{r}\right)^3$, etc., leurs valeurs développées n°s 21, 26, 48 et 53, on a formé la suivante (*) :

$$r = -\left[1 - \frac{m^2}{6} - \frac{885}{128}m^3 - \left(\frac{47}{8}m^2 + \frac{9095}{128}m^3 + \frac{13131}{192}m^4\right)e'^2\right]e\cos\varphi$$
$$- \left(\frac{21}{8}m + \frac{1209}{64}m^2 + \frac{1577}{16}m^3 + \frac{2072593}{4096}m^4\right)ee'\cos(\varphi - \varphi')$$

(*) Voir le n° 58, Livre VII, où la plupart des termes de r ont été déjà calculés.

$$+\left(\frac{21}{8}m + \frac{741}{64}m^2 + \frac{7591}{128}m^3 + \frac{3518023}{12288}m^4\right)ee'\cos(\varphi+\varphi');$$

$$-\left[m^2 + \frac{19}{6}m^3 + \frac{125}{18}m^4 + \left(\frac{15}{8}m + \frac{173}{32}m^2 + \frac{36505}{1536}m^3\right)e^2\right.$$
$$-\left(\frac{5}{2}m^2 + \frac{239}{12}m^3 + \frac{1271}{18}m^4\right)e'^2$$
$$\left.-\left(\frac{75}{16}m + \frac{755}{32}m^2 + \frac{101903}{3072}m^3\right)e^2 e'^2\right]\cos 2\xi$$

$$\left[\frac{15}{8}m + \frac{155}{52}m^2 + \frac{25849}{1536}m^3 + \frac{1058591}{18432}m^4 - \left(\frac{75}{16}m\right.\right.$$
$$\left.\left.+\frac{305}{32}m^2 - \frac{454000}{3072}m^3 - \frac{34747033}{18432}m^4\right)e'^2\right]e\cos(2\xi-\varphi)$$

$$-\left[\frac{17}{16}m^2 - \frac{151}{48}m^3 - \left(\frac{85}{32}m^2 + \frac{1525}{48}m^3\right)e'^2\right]e\cos(2\xi+\varphi)$$

$$-\left[\frac{7}{2}m^2 + \frac{157}{8}m^3 + \frac{3365}{48}m^4 + \left(\frac{15}{8}m + \frac{243}{32}m^2\right.\right.$$
$$\left.\left.+\frac{201893}{1536}m^3\right)e^2\right]e'\cos(2\xi-\varphi')$$

$$+\left[\frac{m^2}{2} + \frac{91}{24}m^3 + \frac{1025}{141}m^4 + \left(\frac{15}{8}m + \frac{199}{32}m^2\right.\right.$$
$$\left.\left.-\frac{43751}{1536}m^3\right)e^2\right]e'\cos(2\xi+\varphi')$$

$$-\left(\frac{35}{8}m + \frac{1045}{64}m^2 + \frac{35239}{768}m^3 + \frac{280489}{12288}m^4\right)ee'\cos(2\xi-\varphi-\varphi')$$

$$+\left(\frac{15}{8}m + \frac{65}{64}m^2 - \frac{53533}{768}m^3 - \frac{2697603}{30864}m^4\right)ee'\cos(2\xi-\varphi+\varphi')$$

$$\left(\frac{110}{32}m^2 + \frac{287}{128}m^3\right)ee'\cos(2\xi+\varphi-\varphi')$$

$$+\left(\frac{17}{32}m^3 + \frac{2597}{384}m^3\right)ee'\cos(2\xi+\varphi+\varphi').$$

Si l'on élève au carré la différentielle de cette expression, en rejetant les termes périodiques et en n'ayant égard qu'à ceux qui sont multipliés par le facteur $e^2 e'^2$, on trouvera la formule suivante :

$$\frac{de^2}{dt^2} = \left(\frac{311}{128}m^2 + \frac{9025}{512}m^3 + \frac{1518767}{2048}m^4 + \frac{10951904}{12288}m^5\right)e^2 e'^2. \qquad (a')$$

D'après l'expression précédente de R et en vertu de

l'équation $r \dfrac{d\mathrm{R}}{dr} = 2\mathrm{R}$, on aura

$$r \frac{d\mathrm{R}}{dr} = \left(\frac{9}{8} m^2 + \frac{825}{32} m^3 + \frac{24719}{256} m^4 + \frac{926493}{128} m^5\right) e^2 e'^2. \qquad (b')$$

En différentiant la valeur de v donnée n° 133, on forme la suivante :

$$
\begin{aligned}
\frac{dv}{dt} ={}& \left(2 + \frac{3}{2} m^2 - \frac{45}{4} m^2 e'^2\right) e \cos\varphi \\
& - 3 m^2 e' \cos\varphi' \\
& + \left(\frac{21}{4} m + \frac{1065}{32} m^2\right) ee' \cos(\varphi - \varphi') \\
& - \left(\frac{21}{4} m + \frac{885}{32} m^2\right) ee' \cos(\varphi + \varphi') \\
& + \left[\frac{11}{4} m^2 + \frac{85}{12} m^3 + \left(\frac{75}{8} m + \frac{801}{32} m^2 + \frac{53855}{512} m^3\right) e^2 \right.\\
& \qquad - \left(\frac{55}{8} m^2 + \frac{1217}{24} m^3\right) e'^2 \\
& \qquad \left. - \left(\frac{375}{16} m + \frac{4215}{32} m^2 + \frac{105145}{1024} m^3\right) e^2 e'^2\right] \cos 2\xi \\
& + \left[\frac{15}{4} m + \frac{143}{16} m^2 + \frac{27289}{768} m^3 - \left(\frac{75}{8} m - \frac{275}{16} m^2 \right.\right.\\
& \qquad\qquad \left.\left. - \frac{432697}{1536} m^3\right) e'^2\right] e \cos(2\xi - \varphi) \\
& + \left[\frac{51}{8} m^2 + \frac{135}{8} m^3 - \left(\frac{255}{16} m^2 + \frac{1485}{8} m^3\right) e'^2\right] e \cos(2\xi + \varphi) \\
& + \left[\frac{77}{8} m^2 + \frac{727}{16} m^3 + \left(\frac{175}{8} m + \frac{3401}{32} m^2 \right.\right.\\
& \qquad\qquad \left.\left. + \frac{283795}{512} m^3\right) e^2\right] e' \cos(2\xi - \varphi') \\
& - \left[\frac{11}{8} m^2 + \frac{481}{48} m^3 + \left(\frac{25}{8} m + \frac{963}{32} m^2 - \frac{68065}{512} m^3\right) e^2\right] e' \cos(2\xi + \varphi') \\
& + \left[\frac{35}{4} m + \frac{961}{32} m^2 + \frac{11657}{128} m^3\right] ee' \cos(2\xi - \varphi - \varphi') \\
& - \left[\frac{15}{4} m + \frac{53}{32} m^2 - \frac{50041}{384} m^3\right] ee' \cos(2\xi - \varphi + \varphi') \\
& + \left[\frac{357}{16} m^2 + \frac{7965}{64} m^3\right] ee' \cos(2\xi + \varphi - \varphi') \\
& - \left[\frac{51}{16} m^2 + \frac{2565}{64} m^3\right] ee' \cos(2\xi + \varphi + \varphi').
\end{aligned}
$$

On a d'ailleurs, n°s 18 et 46 (Livre VII) :

$$-\int\left(\frac{dR}{dv}\right)dt = \left[\frac{135}{16}m^3 + \left(\frac{495}{16}m^3 + \frac{37395}{128}m^4 + \frac{722487}{512}m^5\,{}^{(*)}\right)e'^2\right]e\cos\varphi$$

$$+\left(\frac{675}{32}m^3 + \frac{5661}{32}m^4\right)ee'\cos(\varphi-\varphi')$$

$$+\left(\frac{195}{32}m^3 + \frac{5157}{64}m^4\right)ee'\cos(\varphi+\varphi')$$

$$-\left[\frac{3}{4}m^2 + \frac{3}{4}m^3 + \frac{1}{2}m^4 - \left(\frac{15}{8}m^2 + \frac{15}{8}m^3\right)e^2\right.$$
$$\left. - \left(\frac{15}{8}m^2 + \frac{87}{8}m^3 + 14m^4\right)e'^2 + \left(\frac{75}{16}m^2 + \frac{273}{16}m^3\right)e^2e'^2\right]\cos 2\xi$$

$$+\left[\frac{9}{2}m^2 + 9m^3 + \frac{123}{8}m^4 - \left(\frac{45}{4}m^2 + \frac{117}{4}m^3 - \frac{18753}{64}m^4\right)e'^2\right]e\cos(2\xi-\varphi)$$

$$-\left[\frac{1}{2}m^2 + \frac{1}{3}m^3 - \left(\frac{5}{4}m^2 + \frac{145}{12}m^3\right)e'^2\right]e\cos(2\xi+\varphi)$$

$$-\left[\frac{21}{8}m^2 + \frac{99}{16}m^3 + \frac{305}{32}m^4 - \left(\frac{105}{16}m^2 + \frac{207}{16}m^3\right)e^2\right]e'\cos(2\xi-\varphi')$$

$$+\left[\frac{3}{8}m^2 + \frac{39}{16}m^3 - \frac{1}{32}m^4 - \left(\frac{15}{16}m^2 + \frac{57}{16}m^3\right)e^2\right]e'\cos(2\xi+\varphi')$$

$$+\left(\frac{63}{4}m^2 + \frac{783}{16}m^3 + \frac{11811}{128}m^4\right)ee'\cos(2\xi-\varphi-\varphi')$$

$$-\left(\frac{9}{4}m^2 + \frac{63}{16}m^3 - \frac{11409}{128}m^4\right)ee'\cos(2\xi-\varphi+\varphi')$$

$$-\left(\frac{7}{4}m^2 + \frac{73}{16}m^3\right)ee'\cos(2\xi+\varphi-\varphi')$$

$$+\left(\frac{1}{4}m^2 + \frac{139}{48}m^3\right)ee'\cos(2\xi+\varphi+\varphi').$$

En combinant ces valeurs entre elles, et n'ayant égard qu'aux termes non périodiques multipliés par le facteur $e^2e'^2$, on a trouvé

$$\frac{2\,dv}{dt}\int\frac{dR}{dv} = -\left(\frac{3135}{32}m^3 + \frac{245145}{256}m^4 + \frac{38086729}{4096}m^5\right)e^2e'^2. \qquad (c')$$

(*) *Voir* pour ce terme ce qui sera dit page 25.

2.

Par les n°s 28 et 55, on a

$$\begin{aligned}
-\frac{1}{r^2}\int\left(\frac{dR}{dv}\right)dt = &-\left[\frac{3}{4}m^2+\frac{3}{4}m^3-\left(\frac{11}{2}m^2+\frac{61}{6}m^3\right)e\right.\\
&\qquad -\left(\frac{15}{8}m^2+\frac{87}{8}m^3\right)e'^2\\
&\qquad \left.+\left(\frac{55}{4}m^2+\frac{1951}{24}m^3\right)e^2e'^2\right]\cos2\xi\\
&+\left[\frac{15}{4}m^2+\frac{33}{4}m^3-\left(\frac{75}{8}m^2+\frac{105}{4}m^3\right)e'^2\right]e\cos(2\xi-\varphi)\\
&-\left[\frac{5}{4}m^2+\frac{13}{12}m^3-\left(\frac{25}{8}m^2+\frac{185}{6}m^3\right)e'^2\right]e\cos(2\xi+\varphi)\\
&-\left[\frac{21}{8}m^2+\frac{99}{16}m^3-\left(\frac{27}{4}m^2+\frac{2155}{32}m^3\right)e^2\right]e'\cos(2\xi-\varphi')\\
&+\left[\frac{3}{8}m^2+\frac{39}{16}m^3-\left(\frac{11}{4}m^2+\frac{1585}{96}m^3\right)e^2\right]e'\cos(2\xi+\varphi')\\
&+\left(\frac{105}{8}m^2+\frac{1431}{32}m^3\right)ee'\cos(2\xi-\varphi-\varphi')\\
&-\left(\frac{15}{8}m^2+\frac{111}{32}m^3\right)ee'\cos(2\xi-\varphi+\varphi')\\
&-\left(\frac{35}{8}m^2+\frac{407}{32}m^3\right)ee'\cos(2\xi+\varphi-\varphi')\\
&+\left(\frac{5}{8}m^2+\frac{701}{96}m^3\right)ee'\cos(2\xi+\varphi+\varphi').
\end{aligned}$$

Cette valeur combinée avec celle de la fonction $-\int\left(\frac{dR}{dv}\right)dt$ donnée plus haut, en n'ayant égard qu'aux termes dont nous nous occupons, a produit la suivante :

$$\frac{1}{r^3}\left[\int\left(\frac{dR}{dv}\right)dt\right]^2 = -\left(\frac{5745}{128}m^4+\frac{85923}{256}m^5\right)e^2e'^2. \qquad (d')$$

En substituant les différentes valeurs (a') (b') (c') et (d') dans l'équation (9) et en supposant de plus $\delta\frac{1}{r}=\alpha_0\,e^2e'^2$, on obtient

$$\frac{h^2}{r^2}=\left(\alpha_0-\frac{455}{128}m^2+\frac{27935}{512}m^3-\frac{432563}{2048}m^4-\frac{13346409}{2048}m^5\right)e^2e'^2. \qquad (2)$$

Nous avons trouvé n° 50, Livre VII :

$$\frac{h^2}{r^2} = 1 - \frac{m^2}{3} - \frac{97}{144} m^4 - \frac{43}{8} m^5 \left.\begin{array}{c} \\ \\ \end{array}\right\} \tag{3}$$
$$- \left(\frac{1}{2} + \frac{611}{384} m^2 - \frac{4365}{256} m^3 \right) e^2$$

En réunissant les trois parties (1), (2) et (3) de la fonction $\frac{h^2}{r^2}$, on aura donc

$$\frac{h^2}{r^2} = 1 - \frac{m^2}{3} - \frac{97}{144} m^4 - \frac{43}{8} m^5$$
$$- \left(\frac{1}{2} + \frac{611}{384} m^2 - \frac{4365}{256} m^3 \right) e^2$$
$$+ \left(\alpha_0 - \frac{3}{4} m^2 - \frac{217}{64} m^4 - \frac{1449}{32} m^5 - \frac{7847.3}{256} m^6 - \frac{1111295}{576} m^7 \right) e'^2$$
$$+ \left(\alpha'_0 - \frac{455}{128} m^2 + \frac{27935}{512} m^3 - \frac{432563}{2048} m^4 - \frac{13346409}{2048} m^5 \right) e^2 e'^2.$$

En poursuivant le développement de la fonction $\left(\partial \frac{1}{r} \right)^2$ commencé n°s 21 et 48, Livre VII, en observant que par une première approximation on a obtenu, n° 50, dans le coefficient a_0 les termes

$$a_0 = \left(\frac{m^2}{4} - \frac{799}{192} m^4 - \frac{873}{32} m^5 \right) e'^2$$

et que a_0 ne renferme, comme on le verra plus bas, aucun terme multiplié par le facteur $e^2 e'^2$ dans l'ordre m^2, on a trouvé

$$\left(\partial \frac{1}{r} \right)^2 = \frac{19}{36} m^4 + \frac{19}{6} m^6 + \left(\frac{225}{128} m^2 + \frac{3765}{256} m^3 \right) e^2$$
$$+ \left(\frac{119}{24} m^4 + \frac{171}{4} m^5 - \frac{2413}{192} m^6 + \frac{3527.47}{288} m^7 \right) e^4$$
$$+ \left(\frac{1207}{128} m^2 + \frac{68485}{512} m^3 + \frac{981943}{768} m^4 + \frac{119863039}{12288} m^5 \right) e^2 e'^2.$$

On a d'ailleurs, n°s 23 et 51,

$$\delta \frac{1}{r} = \frac{m^2}{6} - \frac{179}{288} m^3 - \frac{97}{48} m^5$$

$$+ \left[\frac{m^2}{6} - \frac{645}{128} m^3 - \left(\frac{43}{8} m^2 + \frac{8215}{128} m^3 \right) e'^2 \right] e \cos \varphi.$$

Si dans l'équation

$$\frac{1}{r^2} = \frac{1}{r_1^2} + \frac{2}{r_1} \delta \frac{1}{r} + \left(\delta \frac{1}{r} \right)^2$$

on substitue ces valeurs, qu'on remplace $\frac{1}{r_1^2}$, $\frac{1}{r_1}$ par leurs valeurs elliptiques, et qu'on observe que nous avons supposé que $\delta \frac{1}{r}$ contenait les deux termes $\alpha_0 e'^2 + \alpha_1 e^2 e'^2$ dans sa partie constante, en rejetant toutes les quantités périodiques, on trouvera

$$\frac{1}{r^2} = 1 + \frac{m^2}{3} - \frac{103}{144} m^3 - \frac{7}{8} m^5$$

$$+ \left(\frac{1}{2} + \frac{39}{364} m^2 + \frac{2475}{296} m^3 \right) e^2$$

$$+ \left(2\alpha_0 + \frac{119}{24} m^3 + \frac{171}{4} m^5 - \frac{2413}{192} m^6 + \frac{352717}{288} m^7 \right) e'^2$$

$$+ \left(2\alpha_1 + \frac{519}{128} m^2 + \frac{35425}{512} m^3 + \frac{981913}{768} m^5 + \frac{119863039}{12288} m^7 \right) e^2 e'^2.$$

En divisant par cette valeur l'expression précédente de $\frac{h^2}{r^2}$, on a formé la suivante :

$$h^2 = \cfrac{\begin{aligned}&1 - \frac{m^2}{3} - \frac{97}{144}\,m^4 - \frac{43}{8}\,m^5\\[4pt] &- \left(\frac{1}{2} + \frac{611}{384}\,m^2 - \frac{565}{256}\,m^3\right)e^2\\[4pt] &+ \left(\alpha_0 - \frac{3}{4}\,m^2 - \frac{217}{64}\,m^4 - \frac{1449}{32}\,m^5 - \frac{78473}{256}\,m^6 - \frac{1111295}{576}\,m^7\right)e'^2\\[4pt] &+ \left(\alpha'_0 - \frac{455}{128}\,m^2 + \frac{27935}{512}\,m^3 - \frac{432563}{2048}\,m^4 - \frac{13346409}{2048}\,m^5\right)e^2 e'^2\end{aligned}}{\begin{aligned}&1 + \frac{m^2}{3} - \frac{103}{144}\,m^3 - \frac{7}{8}\,m^5\\[4pt] &+ \left(\frac{1}{2} + \frac{739}{384}\,m^2 + \frac{2475}{256}\,m^3\right)e^2\\[4pt] &+ \left(2\alpha_0 + \frac{119}{24}\,m^4 + \frac{171}{4}\,m^5 - \frac{2463}{192}\,m^6 + \frac{352747}{288}\,m^7\right)e'^2\\[4pt] &+ \left(2\alpha'_0 + \frac{519}{128}\,m^2 + \frac{35425}{512}\,m^3 + \frac{984913}{768}\,m^4 + \frac{119863039}{12288}\,m^5\right)e^2 e'^2.\end{aligned}}$$

De cette équation, en observant que l'on a obtenu
par une première approximation, comme nous l'avons
dit plus haut,

$$\alpha_0 = \frac{m^2}{4} - \frac{799}{192}\,m^3 - \frac{873}{32}\,m^5,$$

et qu'en se bornant aux termes de l'ordre m^3, on a,
comme on le verra plus loin :

$$\alpha'_0 = 0 \, ; m^2 - \frac{275}{32}\,m^3,$$

en substituant ces valeurs dans les termes où α_0 et
α'_0 se trouveraient multipliés par m^2, m^3, etc., n° 50,
on déduira, soit par la division ordinaire, soit en
employant la méthode des coefficients indéterminés,

la valeur suivante :

$$h^2 = 1 - \frac{2}{3} m^2 + \frac{19}{72} m^4 - \frac{9}{2} m^6$$
$$- \left(1 + \frac{547}{192} m^2 - \frac{945}{128} m^3 \right) e^2$$
$$- \left(\alpha_0 + \frac{3}{4} m^2 + \frac{1475}{192} m^4 + \frac{2817}{32} m^5 + \frac{227239}{768} m^6 + \frac{1808869}{576} m^7 \right) e'^2$$
$$- \left(\alpha'_0 + \frac{423}{64} m^2 + \frac{3745}{256} m^3 + \frac{9112369}{6144} m^4 + \frac{199565365}{12288} m^5 \right) e^2 e'^2 ,$$

d'où l'on conclura, par l'extraction de la racine,

$$h = 1 - \frac{m^2}{3} + \frac{11}{144} m^4 - \frac{9}{4} m^6$$
$$- \left(\frac{1}{2} + \frac{611}{384} m^2 - \frac{945}{256} m^3 \right) e^2$$
$$- \left(\frac{1}{2} \alpha_0 + \frac{3}{8} m^2 + \frac{513}{128} m^4 + \frac{2817}{64} m^5 + \frac{228467}{1536} m^6 + \frac{1821829}{1152} m^7 \right) e'^2$$
$$- \left(\frac{1}{2} \alpha'_0 + \frac{455}{128} m^2 + \frac{3745}{512} m^3 + \frac{9168545}{12288} m^4 + \frac{199917973}{24576} m^5 \right) e^2 e'^2 .$$

En multipliant cette quantité par la valeur de $\frac{1}{r^2}$ donnée plus haut, on formera la suivante :

$$\frac{h}{r^2} = 1 - \frac{3}{4} m^4 - \frac{25}{8} m^5$$
$$+ \frac{855}{64} m^3 e^2$$
$$+ \left(\frac{3}{2} \alpha_0 - \frac{3}{8} m^2 + \frac{59}{128} m^4 - \frac{81}{64} m^5 - \frac{246427}{1536} m^6 - \frac{46529}{128} m^7 \right) e'^2$$
$$+ \left(\frac{3}{2} \alpha'_0 + \frac{405}{8} m^3 + \frac{6518607}{12288} m^4 + \frac{13099587}{8192} m^5 \right) e^2 e'^2 .$$

En combinant entre elles les valeurs de $\int \left(\frac{dR}{de} \right) dt$, n°s 18 et 46, Livre VII, avec celles de $\frac{1}{r^2}$ rapportées n°s 27 et 54, et rejetant les termes périodiques, nous avons formé la suivante :

$$\frac{1}{r^3}\int\left(\frac{dR}{dv}\right)dt = \left(\frac{45}{8}m^4 + \frac{675}{16}m^5 + \frac{23101}{96}m^6 + \frac{598413}{576}m^7\right)e'^2.$$

Avant de combiner entre elles ces mêmes expressions pour en déduire le terme de la fonction $\frac{1}{r^4}\int\left(\frac{dR}{dv}\right)dt$, qui est multiplié par le facteur $e^2\,e'^2$, il faut observer que le coefficient du terme dépendant de $\cos\varphi$ dans l'expression de $\int\left(\frac{dR}{dv}\right)dt$, n° 46, ne serait pas suffisamment exact pour déterminer tous les termes de l'ordre m^5, il faut donc compléter ce coefficient avant de procéder à cette recherche ; en poussant jusqu'aux quantités de l'ordre m^5 les approximations, nous avons trouvé ainsi

$$\frac{dR}{dv} = \left(\frac{495}{16}m^2 + \frac{37395}{128}m^4 + \frac{705747}{512}m^5\right)e'^2\,e\sin\varphi.$$

d'où, en multipliant par dt, intégrant ensuite en observant qu'on a $\varphi = ct + \varepsilon - \omega$, et que l'on peut supposer ici $\frac{1}{c} = 1 + \frac{3}{4}m^2 + \frac{9}{8}m^2 e'^2$, on a conclu

$$-\int\left(\frac{dR}{dv}\right)dt = \left(\frac{495}{16}m^4 + \frac{37395}{128}m^5 + \frac{72487}{512}m^6\right)e'^2\,e\cos\varphi.$$

En substituant cette valeur à celle qui lui correspond dans l'expression générale de $-\int\left(\frac{dR}{dv}\right)dt$, n° 46, et en opérant ensuite la combinaison indiquée, on a trouvé

$$\frac{1}{r^3}\int\left(\frac{dR}{dv}\right)dt = \left(-\frac{3135}{64}m - \frac{266685}{512}m^4 - \frac{1917003}{1024}m^5\right)e^2 e'^2.$$

En joignant les valeurs précédentes à celles déjà

trouvées n°s 23 et 5o, en n'ayant égard qu'à la partie non périodique de la fonction $\frac{1}{r^2}\int\left(\frac{dR}{dv}\right)dt$, on aura enfin

$$\frac{1}{r^2}\int\left(\frac{dR}{dv}\right)dt = \frac{3}{4}m^2 + \frac{25}{8}m^3 - \frac{855}{64}m^3 e^2$$
$$+ \left(\frac{45}{8}m^4 + \frac{675}{16}m^5 + \frac{23101}{96}m^6 + \frac{598413}{576}m^7\right)e'^2$$
$$- \left(\frac{3135}{64}m^3 + \frac{266685}{512}m^5 + \frac{1917000}{1024}m^6\right)e^2 e'^2.$$

Si l'on substitue cette valeur ainsi que celle de $\frac{h}{r^2}$ dans l'équation de la longitude

$$\frac{dv}{dt} = \frac{h}{r^2} + \frac{1}{r^2}\int\left(\frac{dR}{dv}\right)dt, \qquad (n)$$

et qu'on observe que le premier membre devant se réduire à l'unité, n° 23, lorsqu'on ne considère, comme nous le faisons ici, que les termes non périodiques, on pourra égaler séparément à zéro les coefficients des termes multipliés par e'^2 et $e^2 e'^2$, et l'on aura, pour déterminer les coefficients arbitraires α_0 et α'_0, les deux équations de condition suivantes :

$$\frac{3}{2}\alpha_0 - \frac{3}{8}m^2 + \left(\frac{72}{128} + \frac{45}{8} - \frac{729}{128}\right)m^4 + \left(-\frac{81}{64} + \frac{675}{16} - \frac{2619}{64}\right)m^5$$
$$+ \left(-\frac{246427}{1536} + \frac{23101}{96} - \frac{123189}{1536}\right)m^6$$
$$+ \left(-\frac{418761}{1152} + \frac{598413}{576} - \frac{778065}{1152}\right)m^7 = 0.$$

$$\frac{3}{2}\alpha'_0 + \left(\frac{195}{8} - \frac{3135}{64} - \frac{825}{64}\right)m^4 + \left(\frac{6518607}{12288} - \frac{266685}{512} - \frac{118167}{12288}\right)m^5$$
$$+ \left(\frac{13099587}{8192} - \frac{1910000}{1024} - \frac{2236485}{8192}\right)m^6,$$

d'où l'on conclura

$$z_0 = \frac{m^2}{4} - \frac{799}{192} m^4 - \frac{873}{32} m^5 - \frac{41063}{768} m^6 - \frac{259355}{576} m^7,$$

$$\alpha'_0 = - \frac{275}{32} m^4 - \frac{39389}{644} m^5 + \frac{745495}{4096} m^6.$$

Les trois premiers termes de la valeur de z_0 avaient déjà été déterminés n° 50, Livre VII, et la conformité des résultats confirme la justesse de nos calculs.

Nous avons supposé plus haut $\delta \frac{1}{r} = \alpha_0 e'^2 + \alpha'_0 e^2 e'^2$, il faudra donc, pour compléter la valeur du coefficient arbitraire a_0, n° 23, lui ajouter les deux termes suivants :

$$a_0 = \left(\frac{m^2}{4} - \frac{799}{192} m^4 - \frac{873}{32} m^5 - \frac{41063}{768} m^6 - \frac{259355}{576} m^7 \right) e'^2$$
$$+ \left(- \frac{275}{32} m^4 - \frac{39389}{644} m^5 + \frac{745495}{4096} m^6 \right) e^2 e'^2.$$

Si l'on substitue pour α_0 et α'_0 leurs valeurs dans l'expression de h, on trouvera, en n'ayant égard qu'aux termes que nous venons de déterminer,

$$h = \sqrt{a} \left\{ \begin{array}{l} - \left(\frac{m^2}{2} + \frac{85}{96} m^4 + \frac{243}{8} m^5 + \frac{1517}{128} m^6 + \frac{781237}{576} m^7 \right) e'^2 \\ - \left(\frac{455}{128} m^2 + \frac{1545}{512} m^3 + \frac{760763}{1024} m^4 + \frac{101077229}{24576} m^5 \right) e^2 e'^2. \end{array} \right\}$$

Déterminons les termes de a_0 multipliés par e^4 et e'^4. Commençons par considérer le premier de ces termes.

On pourra supposer dans ce cas, en négligeant les quantités d'un ordre supérieur à $m^3 e^4$,

$$r = r_1 - r_1^2 \delta \frac{1}{r} + r_1^3 \left(\delta \frac{1}{r} \right)^2.$$

En substituant pour r_i, r_i^2, r_i^3, leurs valeurs ellip-
tiques, et pour $\left(\partial\frac{1}{r}\right)$ et $\left(\partial\frac{1}{r}\right)^2$ leurs valeurs données
n°s 21, 26, 48 et 52, Livre VII, on trouve

$$
\begin{aligned}
r = & -\left[1 - \frac{3}{8}e^2 - \frac{m^2}{6} - \frac{885}{128}m^3 - \left(\frac{4023}{384}m^2 + \frac{1145}{256}m^3\right)e^2\right]e\cos\varphi \\
& - \left(\frac{1}{2} + \frac{5}{12}m^2 - \frac{555}{64}m^3\right)e^2\cos 2\varphi \\
& - \left(m^2 + \frac{15}{8}me^2 + \frac{173}{32}m^2e^2 - \frac{45}{64}me^4\right)\cos 2\xi \\
& - \left(\frac{15}{8}m + \frac{155}{32}m^2 - \frac{15}{16}me^2 - \frac{423}{128}m^2e^2\right)e\cos(2\xi - \varphi) \\
& - \left(\frac{17}{16}m + \frac{135}{64}me^2\right)e\cos(2\xi + \varphi), \\
& - \left(-\frac{15}{8}m - \frac{315}{32}m^2\right)e^2\cos(2\xi - 2\varphi) ;
\end{aligned}
$$

d'où, en différentiant, on a conclu

$$
\begin{aligned}
\frac{dr}{dt} = & \left[1 - \frac{11}{12}m^2 - \frac{1585}{128}m^3 - \left(\frac{3}{8} + \frac{3771}{384}m^2 + \frac{4185}{128}m^3\right)e^2\right]e\sin\varphi \\
& + \left(1 + \frac{1}{12}m^2 - \frac{195}{8}m^3\right)e^2\sin 2\varphi \\
& + \left(2m^2 + \frac{15}{4}me^2 + \frac{113}{16}m^2e^2 - \frac{45}{32}me^4\right)\sin 2\xi \\
& + \left(\frac{15}{8}m + \frac{35}{32}m^2 - \frac{15}{16}me^2 - \frac{183}{128}m^2e^2\right)e\sin(2\xi - \varphi) \\
& + \left(\frac{51}{16}m^2 + \frac{405}{64}me^2\right)e\sin(2\xi + \varphi).
\end{aligned}
$$

En élevant au carré cette différentielle, négligeant les
termes périodiques, et n'ayant égard dans le résultat
qu'à ceux qui sont multipliés par e^4, on aura

$$
\frac{dr^2}{dt^2} = \left(\frac{1}{8} - \frac{791}{192}m^2 - \frac{11985}{1024}m^3\right)e^4. \qquad (a)
$$

Par le développement de la fonction R, n° 6, en observant que cette fonction ne renferme dans sa partie non périodique aucun terme en e^4 de l'ordre m^2, n° 96, on trouve

$$R_0 = -\frac{225}{64} m^3 e^4;$$

d'où, en vertu de l'équation $r\dfrac{dR}{dr} = 2R$, on a conclu

$$r\frac{dR}{dr} = -\frac{225}{32} m^3 e^4. \qquad (b)$$

L'expression générale de la longitude vraie, n° 133, donne

$$\begin{aligned}
v = {}& 2\left(1 - \frac{1}{8} e^2\right) e\sin\gamma + \frac{5}{4} e^2 \sin 2\gamma \\
& + \left(\frac{25}{16} me^2 - \frac{45}{32} me^4\right) \sin 2\xi \\
& + \frac{15}{4} me \sin(2\xi - \gamma) \\
& - \frac{195}{32} me^2 \sin(2\xi + \gamma) \\
& + \frac{45}{16} me^2 \sin(2\xi - 2\gamma)
\end{aligned}$$

En combinant les différents termes de cette valeur avec ceux de la fonction $\dfrac{dR}{dv}$ qui ont mêmes arguments, et qu'on trouve rapportés n°s 17 et 46, on a formé la suivante :

$$2v\left(\frac{dR}{dv}\right) = -\frac{2655}{64} m^3 e^4. \qquad (c')$$

On a, n°s 28 et 55,

$$\frac{1}{r^2}\int\left(\frac{d\mathrm{R}}{dv}\right)dt = -\frac{75}{32}\,me^3\cos 2\xi$$

$$-\frac{15}{8}\,me^3\cos(2\xi-\varphi)$$

$$+\left(-\frac{15}{8}\,m-\frac{159}{32}\,m^2\right)e^2\cos(2\xi-2\varphi).$$

En combinant cette valeur avec la suivante, n° 18,

$$-\int\left(\frac{d\mathrm{R}}{dv}\right)dt = -\frac{3}{4}\,m^2\cos 2\xi$$

$$+\frac{9}{2}\,m^2 e\cos(2\xi-\varphi)$$

$$+\left(\frac{15}{8}\,m+\frac{45}{32}\,m^2\right)e^2\cos(2\xi-2\varphi),$$

on trouve

$$\frac{1}{r^2}\left[\int\left(\frac{d\mathrm{R}}{dv}\right)dt\right]^2 = \left(\frac{225}{128}\,m^2+\frac{2385}{256}\,m^3\right)e^4. \qquad (d)$$

Si l'on substitue les différentes valeurs (a), (b), (c), (d) dans la formule (9), n° 2, en observant qu'on a $\frac{rd^2r}{dt^2}=-\frac{dr^2}{dt^2}$ et $\frac{dv}{dt}\int\left(\frac{d\mathrm{R}}{dv}\right)dt=-v\left(\frac{d\mathrm{R}}{dv}\right)$, et en supposant ici $\frac{1}{r}=\alpha_0 e^4$, on aura

$$\frac{h^2}{r^2} = \left(\alpha_0-\frac{1}{8}+\frac{2257}{384}\,m^2-\frac{13755}{1024}\,m^3\right)e^4.$$

La fonction $\frac{1}{r^2}$ est déterminée par l'équation

$$\frac{1}{r^2}=\frac{1}{r_1^2}+\frac{2}{r_1}\,\partial\frac{1}{r}+\left(\partial\frac{1}{r}\right)^2.$$

Si l'on substitue pour $\frac{1}{r_1^2}$, $\frac{1}{r_1}$ leurs valeurs elliptiques, et pour $\left(\partial\frac{1}{r}\right)$ sa valeur n°s 51 et 53, en observant que cette valeur, élevée au carré, a donné

$$\left(\partial\frac{1}{r}\right)^2 = \left(\frac{225}{32}m^2 + \frac{12705}{128}m^3\right)e^4,$$

et que nous supposons de plus $\partial\frac{1}{r} = \alpha_0 e^4$, on trouvera

$$\frac{1}{r^3} = \left(2z_0 + \frac{3}{8} - \frac{5}{8}m^2 - \frac{8025}{1024}m^3\right)e^4.$$

En complétant la valeur précédente de $\frac{h^2}{r^4}$, par l'adjonction des termes en e^2, déjà déterminés n° 50, et en substituant dans l'expression résultante à la place de $\frac{1}{r^3}$ sa valeur complétée de la même manière, on obtiendra la suivante :

$$h^2 = \frac{1 - \dfrac{m^3}{3} - \left(\dfrac{1}{2} + \dfrac{611}{384}m^2 - \dfrac{4365}{256}m^3\right)e^2 - \left(\dfrac{1}{3} - \dfrac{2257}{384}m^2 + \dfrac{13755}{1024}m^3 - z_0\right)e'^2}{1 + \dfrac{m^2}{3} + \left(\dfrac{1}{2} + \dfrac{739}{384}m^2 + \dfrac{2175}{256}m^3\right)e^2 + \left(\dfrac{3}{5} - \dfrac{5}{8}m^2 - \dfrac{8025}{1024}m^3 + 2\alpha_0\right)e'^2}$$

On en déduit

$$h^2 = 1 - \frac{2}{3}m^2 - \left(1 + \frac{517}{192}m^2 - \frac{945}{128}m^3\right)e^4 - \left(z_0 - \frac{1293}{128}m^2 - \frac{195}{512}m^3\right)e'^4,$$

et, par suite,

$$h = 1 - \frac{1}{3}m^2 - \left(\frac{1}{2} + \frac{611}{384}m^2 - \frac{945}{256}m^3\right)e^4 - \left(\frac{1}{2}z_0 + \frac{1}{8} - \frac{800}{192}m^2 - \frac{2085}{1024}m^3\right)e'^4.$$

En multipliant cette valeur par celle de $\frac{1}{r}$ qui forme le dénominateur de l'expression précédente de h^2, en n'ayant égard qu'aux termes dont nous nous occupons, on trouvera

$$\frac{h}{r^2} = \left(\frac{3}{2} z_0 + \frac{213}{128} m^2 - \frac{1125}{128} m^3 \right) e^4.$$

En combinant entre elles les valeurs de $\frac{1}{r^2}$ et de $\int \left(\frac{dR}{dv} \right) dt$, données n°s 54 et 46, on formera la suivante :

$$\frac{1}{r^2} \int \left(\frac{dR}{dv} \right) dt = \left(- \frac{225}{128} m^2 + \frac{1215}{256} m^3 \right) e^4.$$

Si l'on substitue ces valeurs dans l'équation (n), et qu'on égale à zéro le coefficient des termes en e^4, on trouvera, pour déterminer l'arbitraire α_0, l'équation suivante,

$$0 = \frac{3}{2} z_0 + \left(\frac{213}{128} - \frac{225}{128} - \frac{3}{32} \right) m^2 + \left(- \frac{1125}{128} - \frac{1215}{256} = - \frac{1035}{256} \right) m^3,$$

d'où l'on conclut enfin

$$z_0 = \frac{1}{16} m^2 + \frac{345}{128} m^3.$$

Déterminons de la même manière le terme du coefficient a_0, multiplié par e'^4. Comme ce terme est beaucoup moins compliqué que le précédent, une indication sommaire des combinaisons qui servent à le former suffira pour le retrouver.

On aura d'abord, pour déterminer la valeur de r, dans ce cas,

$$r = 1 - \delta \frac{1}{r} + \left(\delta \frac{1}{r} \right)^2.$$

En substituant pour $\partial \frac{1}{r}$, $\left(\partial \frac{1}{r}\right)^2$, leurs valeurs, on a trouvé

$$r = -\left(m^2 - \frac{5}{2}\,m^2 e'^2 + \frac{13}{16}\,m^2 e'^4\right)\cos 2\xi$$
$$-\left(\frac{7}{2}\,m^2 - \frac{123}{16}\,m^2 e'^2\right) e' \cos(2\xi - \varphi')$$
$$-\left(-\frac{m^2}{2} + \frac{1}{16}\,m^2 e'^2\right) e' \cos(2\xi + \varphi')$$
$$-\frac{17}{2}\,m^2 e'^2 \cos(2\xi - 2\varphi').$$

En élevant au carré la différentielle de cette quantité, on en a conclu

$$\frac{dr^2}{dt^2} = \frac{105}{2}\,m^4 e'^4. \qquad (a')$$

Le développement de la fonction R, en observant que par une première approximation, comme on le verra plus loin, on a, dans a_0 le terme $\frac{5}{16}m^2 e'^4$, a donné

$$R_0 = \left(\frac{15}{32}\,m^2 - \frac{5401}{128}\,m^4\right) e'^4;$$

d'où, en vertu de la relation $r\dfrac{dR}{dr} = 2R$, on a conclu

$$r\frac{dR}{dr} = \left(\frac{15}{16}\,m^2 - \frac{5401}{64}\,m^4\right) e'^4. \qquad (b')$$

L'expression de R, n° 6, Livre VII, étant différentiée,

donnera dans $\dfrac{dR}{dv}$, les termes suivants :

$$\frac{dR}{dv} = -\frac{3}{2}m^2\left(1 - \frac{5}{2}e'^2 + \frac{13}{16}e'^4\right)\sin 2\xi$$

$$-\frac{21}{4}m^2\left(1 - \frac{123}{56}e'^2\right)e'\sin(2\xi - \gamma')$$

$$+\frac{3}{4}m^2\left(1 - \frac{1}{8}e'^2\right)e'\sin(2\xi + \gamma')$$

$$-\frac{51}{4}m^2 e'^2\sin(2\xi - 2\gamma').$$

Les différents termes de cette valeur étant combinés avec ceux de l'expression de v, n° 133, qui ont mêmes arguments, ont produit la suivante :

$$2v\left(\frac{dR}{dv}\right) = -\frac{3465}{64}m^4 e'^4. \qquad (c')$$

Si, après avoir intégré la valeur précédente de $\dfrac{dR}{dv}$ on combine les termes de l'expression résultante avec ceux de la fonction $\dfrac{1}{r^2}\displaystyle\int\left(\dfrac{dR}{dv}\right)dt$, donnée n°ˢ 28 et 55, qui ont les mêmes arguments, en rejetant les termes périodiques, et n'ayant égard qu'à ceux qui sont multipliés par e'^4, on trouvera

$$\frac{1}{r^2}\left[\int\left(\frac{dR}{dv}\right)dt\right]^2 = \frac{15305}{1024}m^4 e'^4. \qquad (d')$$

Si l'on substitue ces diverses valeurs (a'), (b'), (c'), (d') dans l'équation (9) et qu'on suppose de plus, comme nous le ferons ici, $\dfrac{1}{r} = \alpha'_0\, e'^4$, on aura

$$\frac{h^2}{r^2} = \left[u_0 - \frac{15}{16}m^2 + \left(\frac{5401}{64} - \frac{105}{2} - \frac{3465}{64} + \frac{15305}{1024} - \frac{7479}{1024}\right)m^4\right]e'^4.$$

La fonction $\frac{1}{r^2}$ est déterminée, dans ce cas, par la formule

$$\frac{1}{r^2} = 1 + 2\,\delta\frac{1}{r} + \left(\delta\frac{1}{r}\right)^2.$$

Au moyen de la valeur de $\delta\frac{1}{r}$, rapportée n°s 14 et 53, on a formé la suivante :

$$\left(\delta\frac{1}{r}\right)^2 = a_0^2 + \frac{501}{32}\,m^4 e'^4.$$

Le coefficient a_0 d'après les résultats d'une première approximation, comme nous l'avons dit plus haut, et d'après ce qu'on a vu, n° 27, Livre VII, contient les termes suivants

$$a_0 = \frac{m^2}{6} + \frac{1}{4}\,m^2 e'^2 + \frac{5}{16}\,m^2 e'^4;$$

d'où résulte dans a_0^2 le suivant :

$$a_0^2 = \left(\frac{1}{16} + \frac{5}{48} = \frac{1}{6}\right) m^4 e'^4.$$

On aura donc ainsi

$$\left(\delta\frac{1}{r}\right)^2 = \left(\frac{1}{6} + \frac{501}{32} = \frac{1519}{96}\right) m^4 e'^4.$$

Nous avons supposé d'ailleurs, en n'ayant égard qu'aux termes que nous considérons, $\delta\frac{1}{r} = \alpha'_0\,e'^4$, on aura donc

$$\frac{1}{r^2} = \left(2\,\alpha'_0 + \frac{1519}{96}\,m^4\right) e'^4.$$

Si l'on substitue cette valeur dans l'expression

3.

précédente de $\dfrac{h^2}{r^2}$, en ajoutant à l'une et à l'autre les termes déjà déterminés par les approximations antérieures, n° 50, Livre VII, on trouvera

$$h^2 = \frac{1 - \dfrac{m^2}{3} - \dfrac{m^2}{2}\, e'^2 - \left(\dfrac{15}{16}\, m^2 + \dfrac{7479}{1024}\, m^4 - \alpha'_0\right) e'^4}{1 + \dfrac{m^2}{3} + \dfrac{m^2}{2}\, e'^2 + \left(\dfrac{1519}{96}\, m^4 + 2\alpha'\right) e'^4}.$$

En observant que la première approximation donne $\alpha'_0 = \dfrac{5}{16}\, m^2$, et en ayant soin de substituer cette valeur de α'_0 dans les termes où cette quantité se trouvera multipliée par m^2, on conclura aisément

$$h^2 = 1 - \frac{2}{3}\, m^2 - m^2 e'^2 - \left(\alpha'_0 + \frac{15}{16}\, m^2 + \frac{66949}{3072}\, m^4\right) e'^4,$$

et, par suite,

$$h = 1 - \frac{1}{3}\, m^2 - \frac{1}{2}\, m^2 e'^2 - \left(\frac{1}{2}\, \alpha'_0 + \frac{15}{32}\, m^2 + \frac{22099}{2048}\, m^4\right) e'^4.$$

Si l'on multiplie cette quantité par la valeur de $\dfrac{1}{r^2}$ qui forme le dénominateur de l'expression précédente de h^2, on aura la suivante :

$$\frac{h}{r^2} = 1 + \left(\frac{3}{2}\, \alpha'_0 - \frac{15}{32}\, m^2 + \frac{25723}{6144}\, m^4\right) e'^4.$$

D'après les valeurs de la fonction $\dfrac{1}{r^2}$ et $\displaystyle\int\left(\frac{d\mathrm{R}}{d\varpi}\right) dt$, rapportées n°ˢ 46 et 54, on a formé par leur combinaison l'expression suivante

$$\frac{1}{r^2} \int \left(\frac{d\mathrm{R}}{d\varpi}\right) dt = \frac{5103}{128}\, m^3 e'^4.$$

Si l'on substitue ces deux valeurs dans l'équation (n), et qu'on égale à zéro la somme des termes multipliés par e'^4, on trouvera, pour déterminer l'arbitraire α'_0, l'équation suivante

$$\frac{3}{2}\alpha'_0 - \frac{15}{32}m^2 + \left(\frac{25723}{6144} + \frac{5103}{128} = \frac{270667}{6144}\right)m^3 = 0;$$

d'où l'on conclut

$$\alpha'_0 = \frac{5}{16}m^2 - \frac{270667}{9216}m^3.$$

On aura donc, en vertu des deux dernières déterminations, dans l'expression de a_0, les deux termes suivants que nous nous étions proposé de calculer :

$$a_0 = \left(\frac{1}{16}m^2 + \frac{345}{128}m^3\right)e^4$$
$$+ \left(\frac{5}{16}m^2 - \frac{270667}{9216}m^3\right)e'^4.$$

Pour ne négliger aucune quantité susceptible de produire une variation appréciable dans l'équation séculaire de la Lune, nous allons encore déterminer, dans l'expression du coefficient a_0, deux termes dépendants de la parallaxe, que nous n'avons point encore considérée dans ces recherches.

Occupons-nous d'abord du terme qui, dans l'expression de la fonction perturbatrice n° 6, Livre VII, dépend de l'angle ξ. Comme nous négligerons les termes qui seraient de l'ordre m^4 ou d'un ordre supérieur, il nous suffira de supposer ici

$$\frac{h^2}{r^2} = -\frac{dr^2}{dt^2} + \frac{1}{r} - r\frac{dR}{dr} - \frac{2\,dv}{dt}\int\left(\frac{dR}{dv}\right)dt. \qquad (p)$$

Formons les différents termes qui entrent dans le deuxième membre de cette équation. En faisant abstraction de l'excentricité de l'orbe lunaire, et négligeant les quantités d'un ordre supérieur à m^3, il suffira de supposer ici

$$r = 1 - \partial \frac{1}{r}.$$

Nous avons supposé, n° 15, $\partial \frac{1}{r} = a_{70} \frac{a}{a_1} \cos \xi$, on aura donc, en substituant pour a_{70}, sa valeur, n° 26,

$$r = 1 + \left(\frac{15}{16} m + \frac{81}{16} m^2 \right) \frac{a}{a'} \cos \xi.$$

Si l'on différentie cette valeur, et qu'on élève au carré sa différentielle, en négligeant les termes périodiques, on trouvera

$$\frac{dr^2}{dt^2} = \left(\frac{225}{512} m^2 + \frac{495}{128} m^3 \right) \left(\frac{a}{a'} \right)^2.$$

Nous avons trouvé, n° 13, pour l'expression de ∂R relative aux termes dépendants de la parallaxe

$$\partial R = - 3\overline{R} \left(r\partial \frac{1}{r} \right) + \left(\frac{d\overline{R}}{dv} \right) \partial v.$$

Il suffira, dans l'ordre d'approximation où nous nous arrêtons, de supposer ici

$$- 3\overline{R} = - \frac{9}{8} m^2 \frac{a}{a'} \cos \xi, \qquad \frac{d\overline{R}}{dv} = - \frac{3}{8} m^2 \frac{a}{a'} \sin \xi,$$

$$r\partial \frac{1}{r} = - \frac{15}{16} m \frac{a}{a'} \cos \xi, \qquad \partial v = - \frac{15}{8} m \frac{a}{a'} \sin \xi.$$

On trouvera ainsi

$$\partial \mathrm{R} = \frac{225}{256} m^3 \left(\frac{a}{a'}\right)^2.$$

Ce terme devra être multiplié par 3 pour avoir le terme correspondant de $r \dfrac{d\mathrm{R}}{dr}$, conformément à ce qui a été dit n° 13, Livre VII. La fonction perturbatrice R contient de plus, dans l'ordre m^2, le terme $\dfrac{9}{64} m^2 \left(\dfrac{a}{a'}\right)^2$; mais, d'après l'origine de ce terme et l'expression générale de R, n° 3, Livre VII, il est facile de voir qu'il devra être multiplié par le facteur 4 pour avoir le terme correspondant de la fonction $r \dfrac{d\mathrm{R}}{dr}$. On aura donc ainsi

$$r \frac{d\mathrm{R}}{dr} = \left(\frac{9}{16} m^2 + \frac{675}{256} m^3\right) \left(\frac{a}{a'}\right)^2. \qquad (b)$$

La fonction R, n° 6, donne, en la différentiant,

$$\frac{d\mathrm{R}}{de} = - \frac{3}{8} m^3 \frac{a}{a'} \sin \zeta.$$

En combinant cette valeur avec le terme de l'expression de v qui dépend du même argument, et se bornant aux termes de l'ordre m^3, on trouve

$$2e\left(\frac{d\mathrm{R}}{de}\right) = \frac{15}{64} m^3 \left(\frac{a}{a'}\right)^2. \qquad (c)$$

Si l'on substitue les différentes quantités (a), (b), (c) dans l'équation (p), en observant que nous supposerons ici le terme de a_0 que nous cherchons, représenté par $z_0 \left(\dfrac{a}{a'}\right)$, ce qui donne, en ne considérant que ce terme, $\frac{1}{r} = \alpha_0\left(\frac{a}{a_1}\right)^2$, on trouvera

$$\frac{h^2}{r^2} = \left[\alpha_0 - \left(\frac{225}{512} + \frac{9}{16} = \frac{513}{512}\right)m^2 - \left(\frac{495}{128} + \frac{675}{256} - \frac{45}{64} = \frac{1485}{256}\right)m^3\right]\left(\frac{a}{a_1}\right).$$

L'expression de $\frac{1}{r^2}$ est déterminée par l'équation

$$\frac{1}{r^2} = 1 + 2\delta\frac{1}{r} + \left(\delta\frac{1}{r}\right)^2.$$

Nous avons supposé plus haut $\delta\frac{1}{r} = \alpha_0\left(\frac{a}{a'}\right)^2$; on trouve d'ailleurs, d'après la valeur de $\delta\frac{1}{r}$, n°s 15 et 26,

$$\left(\delta\frac{1}{r}\right)^2 = \left(\frac{225}{512}m^2 + \frac{1215}{256}m^3\right)\left(\frac{a}{a'}\right)^2.$$

On aura ainsi, en n'ayant égard qu'aux termes dont nous nous occupons,

$$\frac{1}{r^2} = \left(2\alpha_0 + \frac{225}{512}m^2 + \frac{1215}{256}m^3\right)\left(\frac{a}{a'}\right)^2.$$

Si l'on substitue cette valeur dans l'expression de $\frac{h^2}{r^2}$, en faisant attention aux termes déjà déterminés, n° 50, Livre VII, on aura

$$h^2 = \frac{1 - \dfrac{m^2}{3} - \left(\alpha_0 + \dfrac{513}{512}m^2 + \dfrac{1485}{256}m^3\right)\left(\dfrac{a}{a'}\right)^2}{1 + \dfrac{m^2}{3} + \left(2\alpha_0 + \dfrac{225}{512}m^2 + \dfrac{1215}{256}m^3\right)\left(\dfrac{a}{a'}\right)^2}.$$

On tire de là

$$h^2 = 1 - \frac{2}{3}m^2 - \left[\alpha_0 + \left(\frac{513}{512} + \frac{225}{512} - \frac{363}{256}\right)m^2 + \left(\frac{1485}{256} + \frac{1215}{256} - \frac{675}{64}\right)m^3\right]\left(\frac{a}{a'}\right)^2,$$

et, par suite,

$$h = 1 - \frac{1}{3} m^2 - \left(\frac{1}{2} \alpha_0 + \frac{369}{512} m^2 + \frac{675}{128} m^3 \right) \left(\frac{a}{a'} \right)^2.$$

Si l'on multiplie cette quantité par la valeur de $\frac{1}{r^2}$ qui forme le dénominateur de la première expression de h^2, on aura la suivante :

$$\frac{h}{r^2} = 1 + \left[\frac{3}{2} \alpha_0 - \left(\frac{369}{512} - \frac{225}{512} = \frac{9}{32} \right) m^2 + \left(\frac{675}{128} - \frac{1215}{256} = \frac{135}{128} \right) m^3 \right] \left(\frac{a}{a'} \right)^2.$$

La fonction $\int \left(\frac{d\mathrm{R}}{dv} \right) dt$, n° 18, contient le terme

$$\int \left(\frac{d\mathrm{R}}{dv} \right) dt = \frac{3}{8} m^3 \frac{a}{a'} \cos \xi,$$

et la fonction $\frac{1}{r^2}$, n° 27, le terme correspondant

$$\frac{1}{r^2} = - \frac{15}{8} m \frac{a}{a'} \cos \xi.$$

En les combinant, on aura

$$\frac{1}{r^2} \int \left(\frac{d\mathrm{R}}{dv} \right) dt = - \frac{45}{128} m^3 \left(\frac{a}{a'} \right)^2.$$

Si l'on substitue cette valeur ainsi que celle de $\frac{h}{r^2}$ dans l'équation (n), qu'on égale à zéro le coefficient du terme multiplié par $\left(\frac{a}{a'} \right)^2$, on aura, pour déterminer l'arbitraire α_0, l'équation

$$\frac{3}{2} \alpha_0 - \frac{9}{32} m^2 - \left(\frac{135}{128} + \frac{45}{128} = \frac{45}{32} \right) m^3 = 0;$$

d'où l'on tire

$$z_0 = \frac{3}{16} m^3 + \frac{15}{16} m^4.$$

Calculons de même le terme de a_0 qui aura pour coefficient $\left(\frac{a}{a'}\right)^2 e'^2$, et qui, à raison de la variabilité de la quantité e'^2 qu'il contient, pourrait avoir quelque influence sur l'équation séculaire, dont cette variabilité est, comme on l'a dit n° 94, Livre VII, la véritable cause.

La fonction r étant déterminée par l'équation

$$r = 1 - \delta\frac{1}{r} + \left(\delta\frac{1}{r}\right)^2,$$

en substituant, pour $\delta\frac{1}{r}$ et $\left(\delta\frac{1}{r}\right)^2$ leurs valeurs, n°s 21 et 26, on aura les termes suivants :

$$r = 1 - \frac{15}{16} m \frac{a}{a'} \cos(\xi - \varphi')$$

$$- \left(\frac{5}{4} - \frac{45}{8} m + \frac{6553}{192} m^2\right) \frac{a}{a'} e' \cos(\xi + \varphi').$$

En différentiant cette valeur, et élevant ensuite au carré sa différentielle, on formera la suivante :

$$\frac{dr^2}{dt^2} = \left(\frac{25}{32} - \frac{225}{32} m + \frac{90505}{1536} m^2\right) \left(\frac{a}{a'}\right)^2 e'^2. \qquad (a')$$

Le développement de la fonction R a été effectué par la formule n° 13, Livre VII,

$$\delta R = - 3\overline{R}\left(r\delta\frac{1}{r}\right) + \frac{d\overline{R}}{de} \delta e.$$

En substituant pour $\left(r\delta\frac{1}{r}\right)$ et δe leurs valeurs, n°s 15 et 3o, on a trouvé

$$R_1 = -\frac{75}{64}\, m^2 \left(\frac{a}{a'}\right)\, e'^2.$$

Ce terme multiplié par 3, conformément à ce qui a été dit n° 13, donnera le terme correspondant de $r\frac{dR}{dr}$. La fonction R contiendra encore dans l'ordre m^2, à raison du terme $\frac{9}{64}\frac{m'\, r^4}{r'^5}$ qui entre dans son expression générale, n° 3, le terme

$$R_2 = \frac{9}{64}\, m^2 \left(\frac{a}{a'}\right)^2 (1 + 5e'^2),$$

et, à raison de sa formation, il faudra multiplier par 4 cette quantité, pour avoir le terme correspondant de $r\frac{dR}{dr}$, on aura donc ainsi

$$r\frac{dR}{dr} = 3R_1 + 4R_2,$$

ou, en substituant pour R_1 et R_2 leurs valeurs, et n'ayant égard qu'aux termes que nous considérons,

$$r\frac{dR}{dr} = \left(-\frac{225}{64} + \frac{45}{16} = -\frac{45}{64}\right) m^2 \left(\frac{a}{a'}\right)^2 e'^2. \qquad (b')$$

La fonction $\frac{dR}{de}$, n° 17, Livre VII, contient le terme

$$-\frac{3}{8}\, m\, \frac{a}{a'}\, e' \sin(\xi + \varphi');$$

en le combinant avec le terme $\frac{5}{2}\frac{a}{a'} e' \sin(\xi + \varphi')$ de la fonction e, qui a le même argument, il en résulte le suivant :

$$2v\left(\frac{d\mathrm{R}}{dv}\right) = -\frac{15}{16}m^2\left(\frac{a}{a'}\right)^2 c'^2. \qquad (c')$$

La fonction $\frac{1}{r^2}\left[\int\left(\frac{d\mathrm{R}}{dv}\right)dt\right]^2$ ne produirait évidemment que des termes de l'ordre m^4 ; en substituant donc les différentes valeurs (a'), (b'), (c') que nous venons de trouver dans la formule (p), et supposant ici $\frac{1}{r} = \alpha'_0\left(\frac{a}{a'}\right)^2 c'^2$, on trouvera

$$\frac{h^2}{r^2} = \left[\alpha'_0 - \frac{25}{32} + \frac{225}{32}m - \left(\frac{90505}{1536} - \frac{45}{64} + \frac{15}{16} - \frac{90865}{1536}\right)m^2\right]\left(\frac{a}{a'}\right)^2 c'^4.$$

L'équation

$$\frac{1}{r^2} = 1 + 2\delta\frac{1}{r} + \left(\delta\frac{1}{r}\right)^2,$$

en observant que d'après la valeur de $\delta\frac{1}{r}$, n°s 26 et 53, on a trouvé

$$\left(\delta\frac{1}{r}\right)^2 = \left(\frac{25}{32} - \frac{225}{32}m + \frac{30885}{512}m^2\right)\left(\frac{a}{a'}\right)^2 c'^2,$$

et que nous avons supposé $\delta\frac{1}{r} = \alpha'_0\left(\frac{a}{a'}\right)^2 c'^2$, donne, en y substituant ces valeurs,

$$\frac{1}{r^2} = \left(2\alpha'_0 + \frac{25}{32} - \frac{225}{32}m + \frac{30885}{512}m^2\right)\left(\frac{a}{a'}\right)^2 c'^2.$$

En ajoutant à cette valeur les termes $1 + \frac{m^2}{3}$, déjà déterminés n° 50, Livre VII, et en les substituant ensuite dans l'expression de $\frac{h^2}{r^2}$, augmentée pareillement des termes $1 - \dfrac{m^2}{3}$ trouvés dans le même numéro, on formera la suivante

$$h^2 = \frac{1 - \dfrac{m^2}{3} - \left[\dfrac{25}{32} - \dfrac{225}{32} m + \dfrac{90865}{1536} m^2 - \alpha'_0\right] \left(\dfrac{a}{a'}\right)^2 e'^2}{1 + \dfrac{m^2}{3} + \left[\dfrac{25}{32} - \dfrac{225}{32} m + \dfrac{30885}{512} m^2 + 2\alpha'_0\right] \left(\dfrac{a}{a'}\right)^2 e'^2},$$

d'où l'on tire

$$h^2 = 1 - \frac{2}{3} m^2 - \left(\alpha'_0 + \frac{25}{16} - \frac{225}{16} m + \frac{5685}{48} m^2\right) \left(\frac{a}{a'}\right)^2 e'^2,$$

et, par suite,

$$h = 1 - \frac{1}{3} m^2 - \left(\frac{1}{2} \alpha'_0 + \frac{25}{32} - \frac{225}{32} m + \frac{2855}{48} m^2\right) \left(\frac{a}{a'}\right)^2 e'^2.$$

En multipliant cette quantité par la valeur de $\dfrac{1}{r^2}$, qui forme le dénominateur de l'expression de h^2, on trouve

$$\frac{h}{r^2} = 1 + \left(\frac{3}{2} \alpha'_0 + \frac{165}{512} m^2\right) \left(\frac{a}{a'}\right)^2 e'^2,$$

expression où l'on voit que les termes indépendants de m ou multipliés par la première puissance de cette quantité ont totalement disparu, ce qui est très-remarquable; le coefficient a_0 ne contiendra donc pas non plus de termes de cette espèce.

L'expression de $\displaystyle\int \left(\frac{dR}{dv}\right) dt$, n° 18, Livre VII, contient le terme suivant :

$$\int \left(\frac{dR}{dv}\right) dt = \frac{3}{8} m^2 \left(\frac{a}{a'}\right) e' \cos(\xi + \gamma').$$

La fonction $\frac{1}{r^2}$, n° 27, Livre VII, renferme le terme

$$\frac{1}{r^2} = \frac{5}{2}\left(\frac{a}{a'}\right) e' \cos\left(\xi + \varphi'\right).$$

La combinaison de ces valeurs donne

$$\frac{1}{r'}\int\left(\frac{d\mathrm{R}}{d\upsilon}\right) dt = \frac{15}{32}\, m^2 \left(\frac{a}{a'}\right)^2 e'^2.$$

Si l'on substitue dans l'équation (n) cette valeur, ainsi que celle de $\frac{h}{r^2}$, à la place des quantités qui les représentent, qu'on égale à zéro, dans l'équation résultante, le coefficient du terme multiplié par $\left(\frac{a}{a'}\right)^2 e'^2$, on aura, pour déterminer l'arbitraire α'_0, l'équation

$$\frac{3}{2}\,\alpha'_0 + \left(\frac{165}{512} + \frac{15}{32} = \frac{405}{512}\right) m^2 = 0;$$

d'où l'on conclut

$$\alpha'_0 = \frac{135}{256}\, m^2.$$

Ainsi donc, en vertu des calculs précédents, le coefficient a_0 contiendra les deux termes suivants dépendants de la parallaxe, et que nous nous étions proposé de déterminer :

$$a_0 = \left(\frac{3}{16}\, m^2 + \frac{15}{16}\, m^3\right)\left(\frac{a}{a'}\right)^2$$
$$- \frac{135}{256}\, m^2 \left(\frac{a}{a'}\right)^2 e'^2.$$

3. Considérons de la même manière, dans l'expression de a_0, les termes dépendants de l'inclinaison

de l'orbe lunaire sur l'écliptique. Pour cela, reprenons l'équation générale (n), nº 69, Livre VII,

$$\left.\begin{aligned}
\frac{h^2(1+s^2)}{r^2} &= -\frac{dr^2}{dt^2} + \frac{1}{r} \cdot r\frac{dR}{dr} - \frac{2\,dv}{dt}\int\left(\frac{dR}{dv}\right)dt \\
&+ \frac{1+s^2}{r^2}\left[\int\left(\frac{dR}{dv}\right)dt\right]^2 - \frac{r^2\,ds^2}{dt^2}.
\end{aligned}\right\} \qquad (q)$$

Nous avons déterminé, dans le nº 69, les termes qui sont multipliés par le facteur γ^2, nous nous proposons de déterminer ici ceux qui dépendent du facteur $e'^2\gamma^2$. Ce calcul exige d'abord un nouveau développement de la fonction perturbatrice R. Si dans sa partie non périodique on n'a égard qu'aux termes multipliés par $e'^2\gamma^2$, en employant la méthode indiquée nº 65, et en joignant aux nouveaux termes qui en résulteront ceux qui sont multipliés par γ^2, et qui ont été calculés numéro cité, en portant l'approximation jusqu'aux quantités de l'ordre $m^5 e'^2\gamma^2$ (*), on trouvera

$$\varepsilon R = \left(-\frac{3}{8}m^2 + \frac{9}{32}m^3 + \frac{985}{512}m^4 + \frac{8615}{2048}m^5\right)\gamma^2$$
$$- \left(-\frac{9}{16}m^2 + \frac{93}{64}m^3 + \frac{19989}{1024}m^4 + \frac{49529}{1024}m^5\right)e'^2\gamma^2.$$

Le rayon vecteur r, dans l'orbite troublée, est déterminé, dans ce cas, par l'équation

$$r = 1 - \delta\frac{1}{r} + \left(\delta\frac{1}{r}\right)^2 - \left(\delta\frac{1}{r}\right)^3 + \text{etc.}$$

(*) Le calcul des termes multipliés par $m^4 e'^2\gamma^2$ et $m^5 e'^2\gamma^2$, suppose que l'on a déterminé les termes du coefficient a_0 de l'ordre $m^2 e'^2\gamma^2$ et $m^3 e'^2\gamma^2$, on a, comme on le verra plus loin,

$$a_0 = \omega, m^2 e'^2\gamma^2 + \frac{9}{32}m^3 e'^2\gamma^2.$$

D'après la valeur générale de la fonction $\frac{1}{r}$, donnée n°s 26, 53 et 72, Livre VII, on a

$$
\delta \frac{1}{r} = \left\{ m^2 + \frac{19}{6} m^3 - \left(\frac{5}{2} m^2 + \frac{230}{12} m^3 \right) e'^2 \right.
$$
$$
- \left[\frac{1}{2} m^2 + \frac{29}{24} m^3 + \left(\frac{5}{4} m^2 + \frac{205}{12} m^3 \right) e'^2 \right] \gamma^2 \left. \right\} \cos 2\xi
$$
$$
+ \left[\frac{7}{2} m^2 + \frac{157}{8} m^3 - \left(\frac{7}{4} m^2 + \frac{47}{4} m^3 \right) \gamma^2 \right] e' \cos(2\xi - \varsigma')
$$
$$
- \left[\frac{m^2}{2} + \frac{91}{24} m^3 - \left(\frac{1}{4} m^2 + \frac{131}{24} m^3 \right) \gamma^2 \right] e' \cos(2\xi + \varphi').
$$

Les fonctions $\left(\delta \frac{1}{r} \right)^2$, $\left(\delta \frac{1}{r} \right)^3$, etc., ne contenant aucunes inégalités semblables, dans l'ordre de quantités où nous nous arrêtons, on pourra supposer $r = 1 - \delta \frac{1}{r}$, et, par conséquent, $dr = - d . \delta \frac{1}{r}$, d'où l'on conclut $(dr)^2 = \left[d . \delta \frac{1}{r} \right]^2$. Cela posé, si, après avoir différentié l'expression précédente, on l'élève au carré, qu'on rejette tous les termes périodiques, et que dans le résultat final on n'ait égard qu'à ceux qui sont multipliés par $e'^2 \gamma^2$, on trouvera

$$
\frac{dr^2}{dt^2} = \left(- 15 m^4 - \frac{759}{6} m^5 \right) e'^2 \gamma^2.
$$

Nous désignerons dans ce numéro par $\alpha_0 e'^2 \gamma^2$, les termes qui ont pour facteur $e'^2 \gamma^2$ dans l'expression de a_0, en sorte qu'en n'ayant égard qu'à ces termes, on aura

$$
\frac{1}{r} = z_0 e'^2 \gamma^2.
$$

D'après l'expression précédente de la fonction R,

on a d'ailleurs

$$r\,\frac{dR}{dr} = 2R_0 = \left(-\frac{9}{8}\,m^2 + \frac{93}{32}\,m^3 + \frac{19089}{512}\,m^4 + \frac{49589}{512}\,m^5\right) e'^2 \gamma^2.$$

L'expression générale de la longitude vraie, n°s 30 et 77, donne

$$v = \left[\frac{11}{8}\,m^2 + \frac{59}{12}\,m^3 - \left(\frac{55}{16}\,m^2 + \frac{691}{24}\,m^3\right) e'^2\right.$$
$$- \left(\frac{3}{16}\,m + \frac{47}{64}\,m^2 + \frac{5149}{3072}\,m^3\right) \gamma^2$$
$$\left. + \left(\frac{15}{32}\,m - \frac{269}{64}\,m^2 + \frac{221037}{6144}\,m^3\right) e'^2 \gamma^2\right] \sin 2\xi$$
$$+ \left[\frac{22}{16}\,m^2 + \frac{479}{16}\,m^3 - \left(\frac{7}{16}\,m + \frac{209}{64}\,m^2 + \frac{17587}{1024}\,m^3\right) \gamma^2\right] e' \sin(2\xi - \varphi')$$
$$+ \left[-\frac{11}{16}\,m^2 - \frac{257}{48}\,m^3 + \left(\frac{3}{16}\,m + \frac{73}{64}\,m^2 + \frac{24397}{3072}\,m^3\right) \gamma^2\right] e' \sin(2\xi + \varphi')$$
$$- 3m e' \sin\varphi'.$$

On a d'ailleurs, n°s 17, 46 et 66,

$$\frac{dR}{dv} = 1 - \frac{3}{2}\,m^2 + \frac{m^3}{2} + \left(\frac{15}{4}\,m^2 + 18\,m^3 + \frac{25}{4}\,m^4\right) e'^2$$
$$+ \left[\frac{3}{4}\,m^2 - \left(\frac{15}{8}\,m^2 + \frac{112}{4}\,m^3\right) e'^2\right] \gamma^2 \Big\} \sin 2\xi$$
$$+ \left[-\frac{21}{4}\,m^2 - 9\,m^3 - \frac{m^4}{2} + \left(\frac{21}{8}\,m^2 + \frac{117}{16}\,m^3\right) \gamma^2\right] e' \sin(2\xi - \varphi')$$
$$+ \left[\frac{3}{4}\,m^2 + \frac{9}{2}\,m^3 - \frac{5}{2}\,m^4 - \left(\frac{3}{8}\,m^2 + \frac{117}{16}\,m^3\right) \gamma^2\right] e' \sin(2\xi + \varphi')$$
$$+ \left(\frac{3}{8}\,m^3 - \frac{33}{32}\,m^4\right) \gamma^2 e' \sin\varphi'.$$

En combinant entre elles ces deux expressions, en rejetant les termes périodiques et en observant qu'on peut supposer, dans ce cas, $v\,\dfrac{dR}{dv} = -\,\dfrac{dv}{dt} \displaystyle\int \left(\dfrac{dR}{dv}\right) dt$, on trouve

$$\frac{2\,dv}{dt} \int \left(\frac{dR}{dv}\right) dt = -\left(\frac{33}{32}\,m^2 + \frac{3981}{256}\,m^3 + \frac{48217}{512}\,m^4\right) e'^2 \gamma^2.$$

D'après les valeurs de $\int \left(\frac{d\mathrm{R}}{dv} \right) dt$, n°s 18, 46 et 66, on trouve aisément

$$-\frac{1}{r^2} \left[\int \left(\frac{d\mathrm{R}}{dv} \right) dt \right]^2 = \left(\frac{135}{64} m^4 + \frac{243}{32} m^5 \right) e'^2 \gamma^2.$$

On a d'ailleurs, n°s 23 et 50,

$$\frac{1}{r^2} \left[\int \left(\frac{d\mathrm{R}}{dv} \right) dt \right]^2 = \frac{9}{32} m^4 + \frac{9}{16} m^5 + \left(\frac{135}{64} m^4 + \frac{243}{32} m^5 \right) e'^2,$$

et en supposant $s^2 = \frac{1}{2} \gamma^2$, ce qui suffit ici, on en conclut

$$\frac{s^2}{r^2} \left[\int \left(\frac{d\mathrm{R}}{dv} \right) dt \right]^2 = \left(\frac{135}{128} m^4 + \frac{243}{64} m^5 \right) e'^2 \gamma^2,$$

et, par suite,

$$\frac{1+s^2}{r^2} \left[\int \left(\frac{d\mathrm{R}}{dv} \right) dt \right]^2$$
$$= \left[\left(-\frac{135}{64} + \frac{135}{128} = -\frac{135}{128} \right) m^4 + \left(-\frac{243}{32} + \frac{243}{64} = -\frac{243}{64} \right) m^5 \right] e'^2 \gamma^2.$$

L'expression de la fonction s a été donnée, n°s 44 et 63, en élevant au carré sa différentielle, on en a conclu la suivante :

$$\frac{ds^2}{dt^2} = \left(\frac{1}{2} + \frac{105}{128} m^2 - \frac{3}{256} m^3 \right) \gamma^2$$
$$+ \left(\frac{607}{128} m^2 - \frac{713}{512} m^3 + \frac{16293}{256} m^4 + \frac{423245}{49152} m^5 \right) e'^2 \gamma^2$$
$$- \left(\frac{3}{2} m^2 + \frac{1}{64} m^3 \right) \gamma^2 e' \cos \varphi'$$
$$+ \left[\frac{3}{8} m + \frac{67}{32} m^2 + \frac{9773}{1536} m^3 - \left(\frac{15}{16} m + \frac{319}{32} m^2 + \frac{173371}{3072} m^3 \right) e'^2 \right] \gamma^2 \cos 2\xi$$
$$+ \left(\frac{7}{8} m + \frac{279}{32} m^2 + \frac{20155}{512} m^3 \right) \gamma^2 e' \cos (2\xi - \varphi')$$
$$+ \left(\frac{3}{8} m + \frac{83}{32} m^2 + \frac{11257}{1536} m^3 \right) \gamma^2 e' \cos (2\xi + \varphi').$$

En négligeant l'excentricité de l'orbe lunaire, on a,
n° 69,

$$r^2 = 1 - 2\left(\delta\frac{1}{r}\right) + 3\left(\delta\frac{1}{r}\right)^2 + \text{etc.}$$

En substituant pour $\delta\frac{1}{r}$, $\left(\delta\frac{1}{r}\right)^2$, etc., leurs valeurs,
n°s 21 et 26, Livre VII, on aura

$$r^2 = 1 - \frac{m^2}{3} - \left(\frac{m^2}{2} - \frac{2227}{96}m^3 - \frac{2925}{16}m^5\right)e'^2$$
$$- \left[2\,m^2 + \frac{10}{3}m^3 + \frac{122}{9}m^4\right.$$
$$\left. - \left(5\,m^3 + \frac{230}{6}m^3 + \frac{2455}{18}m^4\right)e'^2\right]\cos 2\xi$$
$$+ \left(7\,m^2 + \frac{157}{4}m^3 + \frac{3373}{24}m^4\right)e'\cos(2\xi - \varphi')$$
$$+ \left(m^2 + \frac{91}{12}m^3 + \frac{905}{72}m^4\right)e'\cos(2\xi + \varphi')$$
$$+ 3\,m^2\,e'\cos\varphi'.$$

En combinant entre elles ces deux expressions, on
a trouvé

$$\frac{r^2\,ds^2}{dt^2} = \left(\frac{575}{128}m^2 - \frac{1417}{512}m^3 - \frac{16195}{768}m^4 - \frac{12909215}{98304}m^5\right)e'^2\gamma^2. \qquad (c)$$

Si l'on substitue dans l'équation (q) les différentes valeurs (a), (b), (c), (d), (e), que nous venons de calculer, on aura

$$\frac{h^2(1+s^2)}{r^2} = \left(z_0 - \frac{431}{128}m^2 + \frac{457}{512}m^3 + \frac{10565}{1536}m^4 + \frac{2470799}{98304}m^5\right)e'^2\gamma^2.$$

D'après la valeur de s rapportée n°s 44 et 63, on a formé la suivante (*voir* le n° 73) :

$$s^2 = \left(\frac{1}{2} + \frac{9}{128}m^2 + \frac{141}{256}m^3\right)\gamma^2$$

$$+ \left(\frac{463}{128}m^2 + \frac{343}{512}m^3 - \frac{1041}{256}m^4 - \frac{121203}{3072}m^5\right)e'^2\gamma^2$$

$$- \frac{3}{4}m^2\gamma^2 e'\cos\varphi'$$

$$+ \left[-\frac{3}{8}m - \frac{3}{32}m^2 + \frac{273}{512}m^3 + \left(\frac{15}{16}m + \frac{159}{32}m^2 + \frac{5121}{1024}m^3\right)e'^2\right]\gamma^2\cos 2\xi$$

$$- \left(\frac{7}{8}m + \frac{55}{32}m^2 - \frac{469}{512}m^3\right)\gamma^2 e'\cos(2\xi - \varphi')$$

$$+ \left(\frac{3}{8}m + \frac{51}{32}m^2 + \frac{1125}{1536}m^3\right)\gamma^2 e'\cos(2\xi + \varphi').$$

On a d'ailleurs, n° 54,

$$\frac{1}{r^2} = 1 + \frac{m^2}{3} + \left(\frac{m^3}{2} - \frac{323}{96}m^4 - \frac{189}{16}m^5\right)e'^2$$

$$+ \left[2m^2 + \frac{19}{3}m^3 + \frac{134}{9}m^4 - \left(5m^2 + \frac{239}{6}m^3 + \frac{2803}{18}m^4\right)e'^2\right]\cos 2\xi$$

$$+ \left(7m^2 + \frac{157}{4}m^3 + \frac{3341}{24}m^4\right)e'\cos(2\xi - \varphi')$$

$$- \left(m^2 + \frac{91}{12}m^3 + \frac{1385}{72}m^4\right)e'\cos(2\xi + \varphi')$$

$$- 3m^2 e'\cos\varphi',$$

d'où, par la combinaison de ces valeurs, on tire

$$\frac{s^2}{r^2} = \left(\frac{1}{2} + \frac{91}{384}m^2 + \frac{45}{256}m^3\right)\gamma^2$$

$$+ \left(\frac{495}{128}m^2 - \frac{361}{512}m^3 - \frac{5691}{512}m^4 - \frac{6887279}{49152}m^5\right)e'^2\gamma^2.$$

On a trouvé, n° 50,

$$h^2 = 1 - \frac{2}{3}m^2 + \frac{19}{72}m^4 - \left(m^2 + \frac{169}{48}m^4 + \frac{243}{4}m^6\right)e'^2;$$

on en conclut

$$\frac{h^2 s^2}{r^2} = \left(\frac{431}{128}m^2 - \frac{361}{512}m^3 - \frac{24101}{1536}m^4 - \frac{8365807}{49152}m^5\right)e'^2\gamma^2.$$

En retranchant cette valeur de celle de $\dfrac{h^2(1+s^2)}{r^2}$, trouvée plus haut, on aura

$$\frac{h^2}{r^2} = \left(\alpha_0 - \frac{431}{64}\,m^2 + \frac{409}{256}\,m^3 + \frac{21833}{768}\,m^4 + \frac{41439613}{98304}\,m^5 \right) e'^2\,\gamma^2.$$

En négligeant l'excentricité de l'orbe lunaire, on a

$$\frac{1}{r^2} = 1 + 2\delta\frac{1}{r} + \left(\delta\frac{1}{r} \right)^2.$$

L'expression générale de la fonction $\dfrac{1}{r}$, qu'on formera en réunissant les parties qui la composent, n°s 26, 53 et 72, en observant que son premier terme, c'est-à-dire sa partie non périodique, ne contient aucun terme multiplié par les facteurs γ^2 ou $e'^2\gamma^2$ de l'ordre m^2, et que dans l'ordre m^3, comme on le verra plus loin, on a $a_0 = (\text{o})\,m^3\gamma^2 + \dfrac{9}{32}\,m^3\,e'^2\,\gamma^2$, a donné

$$\left(\delta\frac{1}{r} \right)^2 = \left(-\frac{57}{8}\,m^4 - \frac{331}{8}\,m^5 \right) e'^2\,\gamma^2.$$

On aura donc, en réunissant les termes déjà trouvés n° 69, à ceux dont nous nous occupons en ce moment, et en rejetant ceux qui ne produiraient que des quantités d'un ordre supérieur à celui auquel nous nous arrêtons,

$$\frac{1}{r^2} = 1 + \frac{m^2}{3} + \left(\frac{m^2}{2} - \frac{323}{96}\,m^4 - \frac{189}{16}\,m^5 \right) e'^2$$
$$+ \left(2\alpha_0 - \frac{57}{8}\,m^4 - \frac{331}{8}\,m^5 \right) e'^2\gamma^2.$$

Si, après avoir complété la valeur de la fonction

$\frac{h^2}{r^2}$, donnée plus haut, par l'adjonction des termes déjà calculés, n°s 50 et 69, on substitue dans l'expression résultante pour $\frac{1}{r^2}$ sa valeur, on aura la suivante :

$$h^2 = \frac{1 - \dfrac{m^2}{3} - \left(1 - \dfrac{37}{192}m^2 + \dfrac{9}{128}m^3\right)\gamma^2 + \left(\alpha_0 - \dfrac{431}{64}m^2 + \dfrac{409}{256}m^3 + \dfrac{21833}{768}m^4 + \dfrac{41439613}{98304}m^5\right)e'^2\gamma^2}{1 + \dfrac{m^2}{3} + \left(\dfrac{m^2}{2} - \dfrac{323}{96}m^4 - \dfrac{189}{16}m^5\right)e'^2 + \left(2\alpha_0 - \dfrac{57}{8}m^4 - \dfrac{331}{5}m^5\right)e'^2\gamma^2}.$$

En effectuant la division indiquée, on en conclut

$$h^2 = 1 - \frac{2}{3}m^2 - \left(m^2 + \frac{169}{48}m^4 + \frac{243}{4}m^5\right)e'^2$$
$$- \left(1 - \frac{101}{192}m^2 + \frac{9}{128}m^3\right)\gamma^2$$
$$- \left(\alpha_0 + \frac{399}{64}m^2 - \frac{409}{256}m^3 - \frac{26115}{768}m^4 - \frac{41342909}{98304}m^5\right)e'^2\gamma^2.$$

d'où, par l'extraction de la racine, on tire

$$h = 1 - \frac{m^2}{3} - \left(\frac{1}{2} - \frac{37}{384}m^3 + \frac{9}{256}m^4\right)\gamma^2$$
$$- \left(\frac{1}{2}\alpha_0 + \frac{431}{128}m^2 - \frac{409}{512}m^3 - \frac{22985}{1536}m^4 - \frac{41396605}{196608}m^5\right)e'^2\gamma^2.$$

En multipliant cette expression par la valeur précédente de $\frac{1}{r^2}$, on formera la suivante :

$$\frac{h}{r} = \left(\frac{3}{2}\alpha_0 - \frac{463}{128}m^2 + \frac{409}{512}m^3 + \frac{4325}{512}m^4 + \frac{29516837}{196608}m^5\right)e'^2\gamma^2.$$

Si l'on multiplie la valeur de $\frac{s^2}{r^2}$, donnée plus haut, par

$$h = 1 - \frac{m^2}{3} - \left(\frac{m^3}{2} + \frac{185}{96} m^4 + \frac{243}{8} m^5 \right) c'^2,$$

on trouvera

$$\frac{hs^2}{r^2} = \left(\frac{463}{128} m^3 - \frac{361}{512} m^4 - \frac{6905}{512} m^4 - \frac{7626543}{49152} m^6 \right) c'^2 \gamma^2,$$

et, en réunissant cette valeur à la valeur précédente de $\frac{h}{r^2}$, on aura

$$\frac{h(1 + s^2)}{r^2} = \left(\frac{3}{2} \alpha_0 + \frac{3}{32} m^2 + \frac{1441}{256} m^4 + \frac{3919809}{196608} m^5 \right) c'^2 \gamma^2,$$

expression dans laquelle on voit que les termes en m^2 ont disparu, conformément à ce que nous avons annoncé plus haut de la non-existence de pareils termes dans la valeur du coefficient α_0.

L'expression de $\frac{1}{r^2} \int \left(\frac{d\mathrm{R}}{d\varphi} \right) dt$, n°s 28 et 55, donne

$$\frac{1}{r^2} \int \left(\frac{d\mathrm{R}}{d\varphi} \right) dt = \left(\frac{43}{8} m^4 + \frac{675}{16} m^5 \right) c'^2$$

$$+ \left\{ \frac{3}{4} m^2 + \frac{3}{4} m^3 + \frac{3}{4} m^4 - \left(\frac{15}{8} m^3 + \frac{87}{8} m^4 + \frac{141}{8} m^4 \right) c'^2 \right\} \cos 2\xi$$

$$+ \left(\frac{21}{8} m^2 + \frac{99}{16} m^3 + \frac{297}{32} m^4 \right) c' \cos(2\xi - \varphi')$$

$$- \left(\frac{3}{8} m^2 + \frac{39}{16} m^3 + \frac{39}{32} m^4 \right) c' \cos(2\xi + \varphi').$$

En combinant cette expression avec celle de s^2, donnée précédemment, on a trouvé

$$\frac{s^2}{r^2} \int \left(\frac{d\mathrm{R}}{d\varphi} \right) dt = \left(\frac{33}{64} m^3 + \frac{735}{512} m^4 - \frac{18447}{1024} m^5 \right) c'^2 \gamma^2.$$

On a d'ailleurs, nᵒˢ 18, 46 et 66,

$$\int \left(\frac{dR}{dv}\right) dt = \left\{ \frac{3}{4} m^2 + \frac{3}{4} m^3 - \left(\frac{15}{8} m^2 + \frac{87}{8} m^3\right) e'^2 \right.$$

$$- \left[\frac{3}{8} m^2 + \frac{3}{8} m^3 - \left(\frac{15}{16} m^2 + \frac{249}{16} m^3\right) e'^2\right] \gamma^2 \left\} \cos 2\xi \right.$$

$$+ \left[\frac{21}{8} m^2 + \frac{99}{16} m^3 - \left(\frac{21}{16} m^2 + \frac{45}{8} m^3\right) \gamma^2\right] e' \cos(2\xi - \varphi')$$

$$- \left[\frac{3}{8} m^2 + \frac{39}{16} m^3 - \left(\frac{3}{16} m^2 + \frac{15}{4} m^3\right) \gamma^2\right] e' \cos(2\xi + \varphi')$$

$$- \left(\frac{3}{8} m^2 - \frac{33}{32} m^3\right) \gamma^2 e' \cos \varphi',$$

$$\frac{1}{r^2} = - 3 m^2 e' \cos \varphi'$$

$$+ \left\{ 2 m^2 + \frac{19}{3} m^3 - \left(5 m^2 + \frac{239}{6} m^3\right) e'^2 \right.$$

$$- \left[m^2 + \frac{29}{12} m^3 - \left(\frac{5}{2} m^2 + \frac{143}{3} m^3\right) e'^2\right] \gamma^2 \left\} \cos 2\xi \right.$$

$$+ \left[7 m^2 + \frac{157}{4} m^3 - \left(\frac{7}{2} m^2 + \frac{47}{2} m^3\right) \gamma^2\right] e' \cos(2\xi - \varphi')$$

$$+ \left[- m^2 - \frac{91}{24} m^3 + \left(\frac{m^3}{2} + \frac{131}{12} m^3\right) \gamma^2\right] e' \cos(2\xi + \varphi').$$

D'où il est facile de conclure, en n'ayant égard qu'aux termes dont nous nous occupons,

$$\frac{1}{r^2} \int \left(\frac{dR}{dv}\right) dt = - \left(\frac{81}{16} m^4 + \frac{10265}{256} m^5\right) e'^2 \gamma^2.$$

En ajoutant cette valeur à celle de $\frac{s^2}{r^2} \int \left(\frac{dR}{dv}\right) dt$, on aura donc

$$\frac{1 + s^2}{r^2} \int \left(\frac{dR}{dv}\right) dt = \left(- \frac{33}{64} m^3 - \frac{1857}{512} m^4 - \frac{22613}{1024} m^5\right) e'^2 \gamma^2.$$

Si l'on substitue cette valeur ainsi que celle de

$\frac{h(1+s^2)}{r^2}$, trouvée plus haut, dans l'équation

$$\frac{d\varphi}{dt} = \frac{(1+s^2)h}{r^2} + \frac{1+s^2}{r^2}\int\left(\frac{d\mathrm{R}}{d\varphi}\right)dt,$$

et qu'on égale à zéro le coefficient du terme multiplié par $e'^2\gamma^2$, on trouvera, pour déterminer le coefficient arbitraire α_0, l'équation de condition

$$\frac{3}{2}\alpha_0 - \left(-\frac{3}{32} + \frac{33}{64} - \frac{2}{64}\right)m^3 - \left(\frac{645}{256} + \frac{1857}{512} - \frac{4137}{512}\right)m^4$$
$$- \left(\frac{3049800}{196608} + \frac{22613}{1024} = \frac{421887}{196608}\right)m^5 = 0,$$

d'où l'on tirera

$$\alpha_0 = \frac{9}{32}m^3 + \frac{1479}{256}m^4 + \frac{140629}{98304}m^5.$$

Nous avons supposé ici $\partial\frac{1}{r} = \alpha_0\,e'^2\,\gamma^2$, les déterminations précédentes introduisent donc dans l'expression du coefficient arbitraire α_0 les termes suivants :

$$\alpha_0 = \left(\frac{9}{32}m^3 + \frac{1479}{256}m^4 + \frac{140629}{98304}m^5\right)e'^2\gamma^2.$$

Si l'on substitue pour α_0 sa valeur dans l'expression de h et qu'on réunisse à la valeur résultante les termes dépendants de l'inclinaison, déjà déterminés dans le n° 69, Livre VII, on aura

$$h = \left(-\frac{1}{2} + \frac{37}{384}m^2 - \frac{9}{256}m^3 + \frac{21497}{36864}m^4 + \frac{9245}{1536}m^5\right)\gamma^2$$
$$+ \left(\frac{431}{128}m^2 - \frac{337}{512}m^3 - \frac{4637}{512}m^4 - \frac{1718999}{8192}m^5\right)e'^2\gamma^2.$$

4. Occupons-nous maintenant du développement

de la quantité que nous avons désignée par p, n° 1,
et qui donne le rapport de a à a_1. Nous avons, pour
la déterminer, l'équation

$$p = 2aR_0.$$

Cette relation suppose que l'on a introduit dans les
formules mêmes du mouvement elliptique la constante a, qui représente la distance moyenne de la
Lune à la Terre, dans l'orbite troublée, et que le développement de la fonction perturbatrice R a été effectué dans cette hypothèse ; mais il est facile de voir
qu'on pourra déduire cette nouvelle expression de R,
de celle que nous avons obtenue dans les n°s 16, 45
et 64 du Livre VII, en supposant qu'on ait introduit
dès l'origine la constante a relative à l'orbite réelle
que la Lune décrit autour de la Terre, dans les formules du mouvement elliptique. En effet, la fonction
perturbatrice R étant une fonction déterminée des
coordonnées de la Lune et du Soleil, doit conserver
la même valeur de quelque manière que ces coordonnées aient été exprimées. On aura donc ainsi

$$aR_0 = \frac{a}{\mathrm{a}} \left(\mathrm{a} R_0 \right).$$

Il suffira par conséquent de multiplier, par le rap-
port $\frac{a}{\mathrm{a}}$ ou $(1 + a_0)^{-1}$, le développement de la fonction aR, obtenu dans la supposition où la constante a
a été introduite dans les formules mêmes du mouvement elliptique, pour en déduire l'expression de
ce même développement relative à la supposition où

la distance moyenne a a été substituée dans ces formules au demi grand axe de l'orbite elliptique. On aura ainsi, d'après les développements précédents, et la quantité a_0 étant supposée connue, l'expression de p par un calcul très-simple, et sans qu'on soit obligé de recommencer une longue suite d'opérations aussi pénibles que fastidieuses.

Formons donc ainsi successivement les différents termes qui composent la fonction p. En ne considérant que la partie non périodique de R_0, nous avons trouvé (*voir* n°s 16 et 45, Livre VII, et n°2 du Supplément)

$$a R_0 = \frac{m^2}{4} - \frac{179}{96} m^4 - \frac{97}{16} m^5 - \frac{7681}{576} m^6 - \frac{7103}{288} m^7$$
$$+ \left(\frac{3}{8} m^2 + \frac{225}{32} m^3 + \frac{16751}{512} m^4 + \frac{258983}{2048} m^5 + \frac{6777767}{16384} m^6\right) e'$$
$$+ \left(\frac{3}{8} m^2 - \frac{799}{64} m^4 - \frac{2619}{32} m^5 - \frac{302389}{768} m^6 - \frac{830085}{576} m^7\right) e'^2$$
$$+ \left(\frac{9}{16} m^2 + \frac{825}{64} m^3 + \frac{241719}{1024} m^4 + \frac{926499}{256} m^5\right) e^2 e'^2$$
$$- \frac{225}{64} m^3 e^4 + \left(\frac{15}{32} m^2 - \frac{5401}{128} m^5\right) e'^4.$$

Nous avons trouvé d'ailleurs (*voir* n°s 23 et 50, Livre VII, et n° 2 du Supplément)

$$a_0 = \frac{m^2}{6} - \frac{179}{288} m^4 - \frac{97}{48} m^5$$
$$+ \left(\frac{m^2}{4} - \frac{799}{192} m^4 - \frac{873}{32} m^5\right) e'^2$$
$$- \frac{275}{32} m^3 e^2 e'^2 + \frac{5}{16} m^2 e'^4,$$

et nous avons vu, n° 50, que ce coefficient ne contenait, jusqu'aux quantités de l'ordre m^3 inclusivement, aucun terme multiplié par le facteur c^2. Il est aisé de conclure de là

$$\frac{a}{\mathfrak{a}} = \frac{1}{1 + a_0} = 1 - \frac{m^2}{6} + \frac{187}{288}m^4 + \frac{97}{48}m^5$$
$$+ \left(\frac{m^2}{4} - \frac{815}{192}m^4 - \frac{873}{32}m^5\right)c'^2$$
$$+ \frac{275}{32}m^3 c^2 c'^2.$$

En multipliant par cette valeur l'expression de $a R_0$, on trouve

$$a R_0 = \frac{m^2}{4} - \frac{61}{32}m^4 - \frac{97}{16}m^5 - \frac{4939}{384}m^6 - \frac{13333}{576}m^7$$
$$+ \left(\frac{3}{8}m^2 + \frac{225}{32}m^3 + \frac{1679}{512}m^4 + \frac{256583}{2048}m^5 + \frac{20677253}{98304}m^6\right)c^2$$
$$+ \left(\frac{3}{8}m^2 - \frac{807}{64}m^4 - \frac{2619}{32}m^5 - \frac{299131}{768}m^6 - \frac{408495}{288}m^7\right)c'^2$$
$$+ \left(\frac{9}{16}m^2 + \frac{825}{64}m^3 + \frac{241527}{1024}m^4 + \frac{926049}{256}m^5\right)c^2 c'^2$$
$$- \frac{225}{64}m^3 c^4 + \left(\frac{15}{32}m^2 - \frac{5389}{128}m^4\right)c'^4.$$

En ayant égard aux termes de l'expression de R dépendants de la parallaxe, nous avons trouvé, n° 2 du Supplément,

$$a R_0 = \left(\frac{9}{64}m^2 + \frac{225}{256}m^3 - \frac{15}{32}m^2 c'^2\right)\left(\frac{a}{a'}\right)^2.$$

Dans l'ordre d'approximation auquel nous nous arrêtons, il suffira de faire ici $\frac{a}{\mathfrak{a}} = 1$, on aura donc

$$a R_0 = \left(\frac{9}{64}m^2 + \frac{225}{256}m^3 - \frac{15}{32}m^2 c'^2\right)\left(\frac{a}{a'}\right)^2.$$

Considérons maintenant les termes dépendants de l'inclinaison de l'orbe lunaire à l'écliptique; en n'ayant égard qu'à la partie non périodique du développement de R, n° 65, Livre VII, et en y joignant les termes multipliés par $e'^2 \gamma^2$, qui ont été calculés plus haut, on a

$$a R_0 = \left(\frac{3}{8} m^2 + \frac{9}{32} m^3 + \frac{985}{512} m^4 + \frac{8615}{2048} m^5 \right) \gamma^2$$
$$+ \left(-\frac{9}{16} m^2 + \frac{93}{64} m^3 + \frac{19089}{1024} m^4 + \frac{49589}{1024} m^5 \right) e'^2 \gamma^2.$$

D'ailleurs en observant que le coefficient a_0 ne renferme aucun terme multiplié par γ^2, jusqu'aux quantités de l'ordre m^5 inclusivement, n° 65, ni aucun terme multiplié par $e'^2 \gamma^2$ de l'ordre m^2, n° 3 du Supplément, on pourra supposer simplement ici

$$\frac{a}{a} = 1 - \frac{m^2}{6} - \frac{m^2}{4} e'^2.$$

En multipliant par ce rapport l'expression précédente, on aura

$$a R_0 = \left(-\frac{3}{8} m^2 + \frac{9}{32} m^3 - \frac{1017}{512} m^4 + \frac{8519}{2048} m^5 \right) \gamma^2$$
$$+ \left(-\frac{9}{16} m^2 + \frac{93}{64} m^3 - \frac{19281}{1024} m^4 + \frac{49269}{1024} m^5 \right) e'^2 \gamma^2.$$

En réunissant les différents termes que nous venons de déterminer, en vertu de l'équation $p = 2 a R_0$, on aura donc :

THÉORIE ANALYTIQUE

$$p = \frac{m^3}{2} - \frac{61}{16}m^4 - \frac{97}{8}m^5 - \frac{4939}{192}m^6 - \frac{13133}{288}m^7$$

$$+\left(\frac{3}{4}m^2 + \frac{225}{16}m^3 + \frac{16719}{256}m^4 + \frac{256583}{1024}m^5 + \frac{20577253}{49152}m^6\right)e^3$$

$$+\left(\frac{3}{4}m^3 - \frac{807}{32}m^4 - \frac{2619}{16}m^5 - \frac{299431}{384}m^6 - \frac{408495}{144}m^7\right)e'^2$$

$$+\left(\frac{9}{8}m^3 + \frac{825}{32}m^3 + \frac{241527}{512}m^4 + \frac{926049}{128}m^5\right)e^2 e'^1$$

$$-\frac{225}{32}m^5 e^4 + \left(\frac{15}{16}m^3 - \frac{5389}{64}m^4\right)e'^4$$

$$-\left(\frac{3}{4}m^2 - \frac{9}{16}m^3 - \frac{1017}{256}m^4 - \frac{8519}{1024}m^5\right)\gamma^2$$

$$-\left(\frac{9}{8}m^2 - \frac{93}{32}m^3 - \frac{19281}{512}m^4 - \frac{49369}{512}m^5\right)e'^2\gamma^2$$

$$+\left(\frac{9}{32}m^3 + \frac{225}{128}m^3 - \frac{15}{16}m^2 e'^2\right)\left(\frac{a}{a'}\right)^3.$$

Si l'on réunit de même les différents termes qui composent le coefficient que nous avons désigné par a_0, qui représente, comme on sait, la partie non périodique de la fonction $\delta\frac{1}{r}$, n° 15, Livre VII, et qu'on trouvera calculés dans les n°ˢ 23, 50 et 69, Livre cité, ou dans les n°ˢ 2 et 3 de ce Supplément, on aura, pour sa valeur complète,

$$a_0 = \frac{m^3}{6} - \frac{179}{288}m^4 - \frac{97}{48}m^5 - \frac{757}{162}m^6 - \frac{4039}{432}m^7$$

$$+\left(\frac{m^3}{4} - \frac{799}{192}m^4 - \frac{873}{32}m^6\right)e'^2$$

$$-\left(\frac{225}{12}m^3 + \frac{39389}{6144}m^4 - \frac{745495}{4096}m^5\right)e^2 e'^2$$

$$+\left(\frac{1}{16}m^3 + \frac{345}{128}m^5\right)e^4$$

$$+\left(\frac{5}{16}m^3 - \frac{270667}{9216}m^4\right)e'^4$$

$$+\left(\frac{9}{32}m^3 + \frac{1479}{256}m^4 + \frac{140629}{98304}m^5\right)e'^2\gamma^2$$

$$+\left(\frac{3}{16}m^2 + \frac{15}{16}m^3 - \frac{135}{256}m^2 e'^2\right)\left(\frac{a}{a'}\right)^3.$$

Maintenant, si l'on substitue à la place de a_0 et de p leurs valeurs précédentes, dans l'équation

$$\frac{a}{a_1} = (1 + a_0)(1 + p),$$

on trouvera aisément, pour le rapport de a à a_1 qu'il s'agissait de déterminer, l'expression suivante :

$$
\begin{aligned}
\frac{a}{a_1} = {}& 1 + \frac{2}{3}m^2 - \frac{1253}{288}m^4 - \frac{670}{48}m^5 - \frac{81241}{2592}m^6 - \frac{6337}{103}m^7 \\
&+ \left(\frac{3}{4}m^2 + \frac{225}{16}m^3 + \frac{16751}{256}m^4 + \frac{257431}{1024}m^5\right)e^2 \\
&+ \left(m^2 - \frac{5503}{192}m^4 - \frac{6111}{32}m^5 - \frac{645841}{768}m^6 - \frac{1919525}{576}m^7\right)e'^2 \\
&+ \left(\frac{9}{8}m^2 + \frac{275}{16}m^3 + \frac{2861239}{6144}m^4 + \frac{30393463}{4096}m^5\right)e^2 e'^2 \\
&+ \left(\frac{1}{16}m^2 - \frac{555}{128}m^3\right)e^4 \\
&+ \left(\frac{5}{4}m^2 - \frac{1044955}{9216}m^4\right)e'^4 \\
&- \left(\frac{3}{4}m^2 - \frac{9}{16}m^3 - \frac{985}{256}m^4 - \frac{8615}{1024}m^5\right)\gamma^2 \\
&- \left(\frac{9}{8}m^3 - \frac{51}{16}m^3 - \frac{22047}{512}m^4 - \frac{965541}{98304}m^5\right)e'^2\gamma^2 \\
&+ \left(\frac{15}{32}m^2 + \frac{345}{128}m^4 - \frac{375}{256}m^2 e'^2\right)\left(\frac{a}{a'}\right)^3.
\end{aligned}
$$

De l'expression que nous venons de trouver pour le rapport de a à a_1, il est facile de déduire celle du rapport des moyens mouvements n et n_1 qui leur correspondent. En effet, il suffit d'observer que l'on a $\frac{n}{n_1} = \left(\frac{a}{a_1}\right)^{-\frac{3}{2}}$; en élevant donc à la puissance $-\frac{3}{2}$ le second membre de l'équation qui précède, on aura sans autre calcul l'expression de n en fonction de n_1, que nous nous étions proposé de déterminer, n° 1. On trouve ainsi

$$
\begin{aligned}
n = a_1^{-\frac{3}{2}} \Big\{ \; & 1 - m^2 + \frac{471}{64} m^4 + \frac{679}{32} m^5 + \frac{3407}{96} m^6 + \frac{15163}{288} m^7 \\
& - \left(\frac{9}{8} m^2 + \frac{675}{32} m^3 + \frac{49293}{512} m^4 + \frac{700293}{2048} m^5 \right) e^2 \\
& + \left(-\frac{3}{2} m^2 + \frac{5913}{128} m^4 + \frac{18333}{64} m^5 + \frac{1796123}{1536} m^6 + \frac{1715825}{384} m^7 \right) e'^2 \\
& - \left(\frac{27}{16} m^2 + \frac{825}{32} m^3 + \frac{2838199}{4096} m^4 + \frac{90396389}{8192} m^5 \right) e^2 e'^2 \\
& - \left(\frac{3}{32} m^2 - \frac{1665}{256} m^3 \right) e^4 \\
& - \left(\frac{15}{8} m^2 - \frac{1075625}{6144} m^4 \right) e'^4 \\
& + \left(\frac{9}{8} m^2 - \frac{27}{32} m^3 - \frac{3015}{512} m^4 - \frac{22965}{2048} m^5 \right) \gamma^2 \\
& + \left(\frac{27}{16} m^2 - \frac{153}{32} m^3 - \frac{71901}{1024} m^4 - \frac{9015061}{65536} m^5 \right) e'^2 \gamma^2 \\
& - \frac{9}{64} m^2 e^4 e'^2 + \frac{171}{64} m^2 e^2 e'^2 \gamma^2 - \frac{99}{64} m^2 e'^2 \gamma^4 \\
& - \left(\frac{45}{64} m^2 + \frac{1035}{256} m^4 \right) \left(\frac{a}{a'} \right)^2 \\
& + \frac{1125}{512} m^2 e'^2 \left(\frac{a}{a'} \right)^2 .
\end{aligned}
$$

Cette expression, qui est l'élément essentiel d'où dépend la détermination du coefficient de l'*inégalité séculaire* du moyen mouvement lunaire, pourrait s'obtenir également au moyen de l'équation (6) que nous avons donnée n° 1 de ce Supplément; mais l'emploi de cette formule exige beaucoup plus d'attention et un travail plus pénible que celui de la formule (8), qui donne immédiatement, et par une simple substitution, le rapport $\frac{a}{a_1}$ dès que les quantités p et a_0 sont connues. Cependant, comme tous les moyens de vérification sont précieux quand il s'agit d'opérations longues et délicates, on peut faire servir la formule (6) à la vérification des résultats précédents obtenus au moyen de l'équation (8); nous avons vérifié de cette manière les principaux d'entre eux, et nous sommes parvenu à des valeurs parfaitement concordantes.

Si l'on compare l'expression précédente de n à celle qui est donnée dans l'ouvrage de M. Plana, et qui résulte des formules inverses de celles que nous avons adoptées, c'est-à-dire des formules où, selon la méthode des géomètres qui avaient traité les premiers par l'analyse le difficile problème de la théorie de la Lune, on a pris pour variable indépendante sa *longitude vraie* au lieu de sa *longitude moyenne*, on voit que cette expression en diffère considérablement, et même dans les termes les plus influents sur l'exacte évaluation de l'*équation séculaire*. Ainsi, par exemple, le coefficient du terme en e'^2, selon M. Plana, en négligeant les termes de l'ordre m^5 et au-dessus, serait

$$- e'^2 \left(\frac{3}{2} m^2 - \frac{2763}{128} m^4 \right)$$

au lieu de

$$- e'^2 \left(\frac{3}{2} m^2 - \frac{5913}{128} m^4 \right),$$

que nous avons trouvé pour son expression. La fraction qui multiplie le terme en m^4 n'aurait ainsi, selon M. Plana, que la moitié de sa valeur réelle, et l'*équation séculaire* qui en dépend éprouverait un accroissement de plus d'une seconde sexagésimale par suite de cette diminution. Cependant les calculs du savant directeur de l'observatoire de Turin sont d'une exactitude rigoureuse; pour nous en assurer, nous avons repris en entier le développement de la valeur de n, déduite des formules que l'on trouve dans le beau Mémoire de **M.** Damoiseau, et qui n'ont besoin que d'être complétées par l'addition de quelques termes négligés à tort, et réduites en séries pour reproduire cette valeur sous la forme même que **M.** Plana lui a attribuée. En comparant ensuite nos résultats aux siens, nous avons trouvé entre eux une parfaite concordance, à quelques légères différences près, dans des termes d'un ordre très-élevé et qui ne peuvent, par conséquent, avoir aucune influence considérable sur la détermination de l'*équation séculaire*. Il suit donc de cet examen que les formules indirectes qu'avaient employées jusqu'ici les astronomes et les géomètres qui ont traité la théorie de la Lune, et qui se sont accordées d'une manière vraiment surprenante avec les nôtres, pour donner aux expressions de toutes les autres inégalités périodiques ou séculaires du mouvement lunaire, ainsi qu'à celles des mouvements des nœuds et du périgée de l'orbite, des valeurs presque identiques entre elles et parfaitement concordantes d'ailleurs avec l'observation, paraissent insuffisantes pour déterminer exactement l'*équation séculaire* ou du moins pour donner sa véritable expression analytique, soit que la méthode que l'on emploie ne soit pas en effet applicable à cette importante détermination, soit que l'hypothèse par laquelle on suppose qu'ayant déterminé l'*équation séculaire* qui affecte la *longitude vraie* dans l'expression de la *longitude moyenne* en fonction de

la *longitude vraie*, on peut, par le simple renverse-
ment de la formule et en substituant l'une de ces variables à l'autre, en conclure *l'équation séculaire* qui
affecterait la *longitude moyenne* dans l'expression de
la *longitude vraie* en fonction de cette même longitude ou, ce qui revient au même, en fonction du
temps, soit trop arbitraire et contredite par les résultats d'une analyse rigoureuse. Laplace, qui ne
s'était occupé que du premier terme de cette équation, dont la réduction en nombres lui avait présenté
un accord presque parfait avec le résultat des observations, ne s'était point aperçu de l'inconvénient que
nous venons de signaler ; mais les géomètres et les astronomes qui sont venus après lui et qui ont pour-
suivi le développement de ses formules, ne se sont
peut-être pas montrés assez scrupuleux en adoptant
sans examen, et comme reconnue incontestable, une
supposition qui n'était que commode pour le besoin
de leur analyse.

Nous avons omis jusqu'ici, pour ne point compliquer nos formules, de tenir compte des termes que
peut contenir la fonction $\int d'R$ qui entre dans l'équation (1) n° 1, et nous avons regardé cette fonction
comme uniquement composée de termes périodiques.

Si cette fonction contenait en outre une partie non
périodique, il suffirait, pour y avoir égard, de substituer à l'équation (3), n° 1, qui détermine la quantité p, la suivante :

$$p = 2a\left(R_0 + \int d'R\right),$$

5

et le reste du calcul s'effectuerait comme précédemment.

Quant aux termes non périodiques que peut contenir la fonction $\int d'R$, il résulte de ce qui a été démontré relativement au théorème général de l'*invariabilité des grands axes et des moyens mouvements planétaires* (*), que si l'on considère, ainsi que l'ont fait Laplace et tous les géomètres qui l'ont suivi, comme invariable l'excentricité e' de l'orbe terrestre dans les formules différentielles du mouvement troublé, ces termes ne sauraient être d'un ordre inférieur à m^6, c'est-à-dire à peu près insensibles, et c'est par cette raison que nous avons cru pouvoir nous dispenser d'en faire le calcul. Il est vrai cependant que cette propriété a été contestée par Poisson d'abord, dans un Mémoire remarquable sur la théorie de la Lune, publié en 1834, et plus récemment par quelques géomètres qui ont cru devoir embrasser son opinion. La fonction $\int d'R$ contiendrait, dans cette hypothèse, des termes non périodiques de la forme $m^4 e'^2$, c'est-à-dire de l'ordre du carré de la force perturbatrice. Le théorème de la permanence du *grand axe* et du *moyen mouvement* serait ainsi restreint pour la Lune aux termes du premier ordre par rapport à cette force ; mais outre qu'on ne voit aucune raison pour ne pas le restreindre de même relativement aux *grands axes* et aux *moyens mouvements* des planètes, et qu'on serait

---

(*) *Théorie analytique du Système du Monde*, liv. II, n° 60.

forcé de renoncer ainsi à l'une des plus belles propriétés du système du monde, cette supposition aurait encore l'inconvénient d'affaiblir d'une manière si considérable le coefficient de *l'équation séculaire* du moyen mouvement lunaire, qu'il n'aurait plus aucun rapport avec celui qui résulte des observations. C'est donc autant à cause des doutes que nous conservons sur l'exactitude des idées de Poisson à cet égard, que pour rapprocher autant que possible notre théorie de l'observation, que nous continuerons à faire abstraction des termes non périodiques que la fonction $\int d'$R pourrait contenir, et à nous en tenir aux résultats précédents.

5. Revenons au principal objet qui doit nous occuper ici, c'est-à-dire la recherche de l'expression analytique du coefficient de *l'équation séculaire* qui affecte le moyen mouvement de la Lune, dans l'expression de sa *longitude vraie*, développée en fonction de sa *longitude moyenne*, car c'est là l'élément qui intéresse particulièrement les astronomes pour la construction de leurs Tables, et pour la comparaison des anciennes éclipses aux nouvelles; et comme cet élément résulte directement de nos formules, sans inversion et sans aucune hypothèse plus ou moins arbitraire, elles ont un avantage incontestable, pour cette détermination du moins, sur les formules *inversées* qu'on avait généralement adoptées jusqu'ici pour calculer cette inégalité.

Si l'on considère avec attention l'expression précédente de n, on verra qu'elle se compose de deux paties, l'une rigoureusement constante, l'autre sujette à des altérations plus ou moins considérables, en raison de la variabilité de l'excentricité e' de l'orbite terrestre qu'elle renferme. Pour déterminer ces altérations on peut, en faisant d'abord abstraction du terme en e'^4, donner à cette expression cette forme

$$\mathrm{n} = a_1^{-\frac{3}{2}}(1 + \mathrm{F} + \mathrm{F}' e'^2).$$

En faisant varier cette expression, il faut observer que les coefficients F et F' sont eux-mêmes fonctions de la quantité e', à raison du facteur m qu'ils contiennent. En effet, on a supposé, n° 5, Livre VII, $m = \dfrac{n'}{n}$, d'où l'on conclut

$$\frac{\partial m}{m} = -\frac{\partial n}{n}.$$

En différentiant donc par rapport à la caractéristique ∂ l'expression précédente de n, on trouvera

$$\frac{\partial \mathrm{n}}{\mathrm{n}} = \frac{\mathrm{F}' \partial e'^2}{1 + \left(\mathrm{F} + m\dfrac{d\mathrm{F}}{dm}\right) + e'^2\left(\mathrm{F}' + m\dfrac{d\mathrm{F}'}{dm}\right)},$$

ou simplement

$$\frac{\partial \mathrm{n}}{\mathrm{n}} = \mathrm{H}\,\partial e'^2,$$

en faisant, pour abréger,

$$\mathrm{H} = \frac{\mathrm{F}'}{1 + \left(\mathrm{F} + m\dfrac{d\mathrm{F}}{dm}\right) + e'^2\left(\mathrm{F}' + m\dfrac{d\mathrm{F}'}{dm}\right)}.$$

On aura donc, pour l'expression différentielle

de la *longitude vraie* en fonction de la *longitude moyenne*,

$$dv = ndt + \mathrm{H}\,ndt\delta.e'^2 + \Sigma.\mathrm{G}\cos(gt + l),$$

en représentant par $\Sigma.\mathrm{G}\cos(gt + l)$ une suite de termes simplement périodiques. Si l'on intègre cette expression en faisant abstraction de ces termes, on en conclut

$$v = \int ndt + \varepsilon + \mathrm{H}\int (\mathrm{E}' - e'^2)\,ndt,$$

ou e' désigne, comme dans le n° 94, Livre VII, la valeur de l'excentricité de l'orbite terrestre à l'instant que l'on a choisi pour époque, et E' ce que devient cette quantité après un temps quelconque t.

L'expression de la *longitude vraie* en fonction de la *longitude moyenne* contient donc l'*équation séculaire* $-\,\mathrm{H}\int (e'^2 - \mathrm{E}'^2)\,ndt$, le coefficient de cette équation devant être déterminé par la formule (r), dans laquelle on substituera pour F et F' leurs valeurs. En observant que d'après l'expression précédente de n, en négligeant les termes qui ne produiraient que des quantités d'un ordre supérieur à celui auquel nous nous arrêterons ici, on trouve par la différentiation

$$F = m\frac{d\mathrm{F}}{dm} = 3m^2 + \frac{235}{64}m^3 + \frac{2037}{16}m^4$$
$$- e'\left(\frac{27}{8}m^3 + \frac{675}{8}m^4\right)$$
$$e'\left(\frac{27}{8}m - \frac{27}{8}m\right)$$

$$F = m\frac{d\mathrm{F}}{dm} \quad 4m^2$$

On aura donc, dans l'ordre d'approximation que nous nous sommes proposé d'atteindre,

$$H = \cfrac{F'}{1 - 3m^2 + \dfrac{2455}{64}m^4 + \dfrac{2037}{16}m^6 - e^2\left(\dfrac{27}{8}m^2 + \dfrac{675}{8}m^4\right) + \gamma\left(\dfrac{27}{8}m^2 - \dfrac{27}{8}m^3\right) - \dfrac{9}{2}m^2 e''}$$

Si l'on remplace dans cette formule F' par la valeur que cette lettre représente, et qu'on en déduise ensuite celle de H, soit par la division, soit par la méthode plus simple des coefficients indéterminés, on trouvera aisément

$$
\begin{aligned}
H =\;& \frac{3}{2}m^2 + \frac{5337}{128}m^4 + \frac{18333}{64}m^5 + \frac{2023635}{1536}m^6 + \frac{2119151}{384}m^7 \\
&- e^2\left(\frac{27}{16}m^2 + \frac{545}{32}m^3 + \frac{2879671}{4096}m^4 + \frac{92066789}{8192}m^5\right) \\
&+ \gamma^2\left(\frac{27}{16}m^2 - \frac{153}{32}m^3 - \frac{61533}{1024}m^4 - \frac{10286869}{65536}m^5\right) \\
&- \frac{27}{4}m^3 e''^2 - \frac{9}{64}m^3 e''^2 + \frac{171}{64}m^2 e''^2\gamma \\
&- \frac{99}{64}m^2\gamma^2 + \frac{1125}{512}m^2\left(\frac{a}{a'}\right)^2.
\end{aligned}
$$

Le terme, multiplié par e''^3 dans l'expression de H, introduira dans l'*équation séculaire* une seconde partie de la forme $K\,\partial e''^3$ ou $-K\int (e''^3 - F''^3)\,ndt$. Pour déterminer le coefficient K, nommons F'' le coefficient de e''^3 dans l'expression de H, en suivant l'analyse précédente, on aura

$$K = \cfrac{F''}{1 + \left(F + m\,\dfrac{dF}{dm}\right)},$$

ou bien, avec une approximation suffisante,

$$K = F'' (1 + 3m^2).$$

Nous avons trouvé

$$F'' = -\frac{15}{8} m^2 + \frac{1075675}{6144} m^4.$$

On aura donc

$$K = -\frac{15}{8} m^2 + \left(\frac{1075675}{6144} - \frac{45}{8} = \frac{1041115}{6144} \right) m^4.$$

Si l'on représente donc, pour abréger, par $\int \zeta' dt$ l'*inégalité séculaire* dont la longitude moyenne de la Lune est affectée, c'est-à-dire la partie qu'il faut ajouter à l'intégrale $\int n\,dt + \varepsilon$, où n et ε sont regardés comme rigoureusement constants, dans l'expression de la *longitude vraie*, n° 133, en réunissant les différents termes que nous venons de déterminer, on aura, pour l'expression analytique de cette inégalité,

$$\int \zeta'\,dt$$

$$= \left\{ \begin{aligned} &\tfrac{3}{2} m^2 - \tfrac{5337}{128} m^4 - \tfrac{18343}{64} m^5 - \tfrac{2073035}{1536} m^6 - \tfrac{2119151}{84} m^7 \\ &+ e^2 \left(\tfrac{27}{16} m^3 - \tfrac{895}{32} m^4 - \tfrac{2879671}{4096} m^5 + \tfrac{9206789}{8192} m^6 \right) \\ &+ \gamma^2 \left(\tfrac{37}{16} m^3 - \tfrac{133}{32} m^4 + \tfrac{61533}{1024} m^5 - \tfrac{10786869}{65536} m^6 \right) \\ &+ \tfrac{27}{4} m^3 + \tfrac{9}{64} m^4 + \tfrac{171}{64} m^5 \gamma \\ &- \tfrac{99}{64} m^3 \gamma - \tfrac{1125}{512} m^4 \left(\tfrac{a}{a'} \right) \end{aligned} \right\} \int (e'^2 - E'^2)\,n\,dt$$

$$+ \left\{ \tfrac{1}{8} m - \tfrac{1041115}{6144} m^4 \right\} \int (e'^2 - E'^2)\,n\,dt$$

Cette inégalité accélérera le moyen mouvement de la Lune, déduit de l'observation, si l'excentricité de l'orbite terrestre va en diminuant, comme cela a lieu aujourd'hui, le mouvement moyen semblerait se ralentir dans le cas contraire. Si l'on réduit en nombres les coefficients de cette inégalité au moyen des valeurs numériques des différentes quantités qu'ils renferment, valeurs qui ont été rapportées n° 135, Livre VII, et si l'on distingue entre elles les différentes parties de ce coefficient suivant l'ordre des quantités auxquelles elles appartiennent, on trouvera enfin :

Équation séculaire de la longitude moyenne.

$$\int \zeta' \, dt = \begin{bmatrix} 0,00839285o\ (2) - 0,00135354\ (4) \\ -0,00062212o\ (5) - 0,00015474g\ (6) \\ +0,00000984i\ (7) = 0,00617231i \end{bmatrix} \int (e'^2 - E'^2)\,n\,dt.$$

En comparant le résultat précédent à celui que nous avons rapporté dans la Note n° 2 du Livre VII, et qui a été déduit des formules de M. Plana, on voit qu'il en diffère d'une manière très-sensible, et que l'espèce de compensation qui s'établit, selon ce géomètre, entre les quantités du quatrième ordre et celles des ordres supérieurs, et qui semblait permettre de s'en tenir, comme l'avait fait Laplace, aux termes résultant de la première approximation, n'existe pas réellement. C'eût été en effet un hasard bien singulier qu'une pareille rencontre, et il pouvait paraître au moins surprenant que lorsqu'on est obligé de porter si loin les approximations pour déterminer avec exactitude les coefficients de la plupart des autres inégalités lunaires, lorsque la première approximation ne donne, par exemple, que la moitié du mouvement réel du périgée, n° 135, Livre VII, et une bien plus faible partie encore de l'*inégalité séculaire* qui affecte ce mouvement, l'*équation séculaire* de la longitude moyenne échappât seule à la loi commune et présentât, dès le premier essai de calcul, un résultat presque identique avec celui qu'on a déduit de la comparaison des observations modernes aux plus anciennes observations qui nous soient parvenues. Malheureusement cette merveilleuse concordance à laquelle Laplace a dû peut-être une partie de l'éclat de sa plus belle découverte, est sensiblement altérée par les approximations suivantes, et la diminution qu'éprouve le coefficient de l'*équation séculaire* doit produire un ralentissement correspondant dans la marche progressive de cette équation. En effet, en substituant à la place de l'intégrale $\int (e'^2 - E'^2)n\,dt$, sa valeur (n° 135, Livre VII),

$$\int (e'^2 - E'^2)n\,dt = 1274'',185\,i^2 + 1'',920\,i^3,$$

ou i représente le nombre de siècles écoulés depuis l'année que l'on a choisie pour époque, dans l'expression précédente de $\int \zeta'\,dt$, l'*équation séculaire* du moyen mouvement lunaire se réduit à

$$7'',99218\,i^2 + 0'',0120\,i^3.$$

C'est-à-dire que cette équation se trouvera diminuée

de *deux secondes et demie environ* de la valeur qu'on s'était habitué à lui attribuer, n° 135, Livre VII (*).

Il résulte donc comme une conséquence irréfutable des recherches auxquelles nous venons de nous livrer : 1° que les formules jusqu'ici employées pour déterminer l'*inégalité séculaire* du moyen mouvement lunaire, et qui résultent des formules différentielles dans lesquelles la *longitude vraie* de la Lune a été prise pour la variable indépendante, n'avaient point toute la précision nécessaire à l'évaluation d'un élément si délicat; 2° que le coefficient de l'*équation séculaire* ou l'accélération du moyen mouvement lunaire pen-

---

(*) Les astronomes ne sont point parfaitement d'accord entre eux sur la valeur exacte de cet élément si important du mouvement lunaire. Dunthorne, qui, après que Halley eut pour la première fois découvert l'existence de l'accélération séculaire du moyen mouvement de la Lune, avait tenté de le déterminer par la comparaison des anciennes observations aux modernes, le faisait de 10″,01, Mayer le réduisit à 6″,99 dans ses premières Tables, et l'a porté ensuite à 9″,01 dans la seconde édition. Lalande, par une discussion nouvelle de cet objet, a été conduit au résultat de Dunthorne. Enfin, Laplace dit que Bouvard, par une nouvelle discussion des éclipses déjà connues, et de celles qu'il a extraites d'un manuscrit arabe d'Ibn-Junys, a trouvé un résultat peu différent de celui que lui-même avait obtenu de la théorie. C'est cette valeur (10″,6) que Mason a adoptée dans ses Tables. On voit que le coefficient que nous avons déduit pour la première fois d'un calcul direct et rigoureux, tient le milieu entre les deux déterminations de Mayer, il serait donc possible qu'une nouvelle discussion des anciennes éclipses fît définitivement pencher la balance du côté de cet habile astronome, et rétablît la concordance parfaite entre la théorie et l'observation.

dant le premier siècle, généralement admis par les astronomes, d'après le résultat des recherches de Bouvard sur cet objet, couronnées par l'Académie des Sciences, en 1800, est de 3″ environ plus fort que celui qui est indiqué par une analyse rigoureuse; 3° que le coefficient de *l'équation séculaire* déterminé par une première approximation, c'est-à-dire en n'ayant égard qu'à la première puissance de la force perturbatrice, éprouve une altération sensible par la considération des puissances supérieures de cette force, que cette altération, quelle qu'en soit l'importance, est une quantité négative, que par conséquent le coefficient de *l'équation séculaire* doit nécessairement tomber au-dessous de 10″,694, valeur qu'on trouve pour ce coefficient lorsqu'on ne tient compte que des termes du premier ordre. On pourra donc écarter comme défectueuses toutes les évaluations qui dépasseraient cette limite.

Quoique ces résultats soient contraires aux idées généralement adoptées, et paraissent troubler l'accord qui semblait exister sur l'un des points les plus remarquables du système du monde, entre l'astronomie théorique et l'astronomie pratique, comme notre analyse est, à ce que nous supposons, d'une exactitude rigoureuse, ou que du moins si quelques légères erreurs s'y étaient glissées, elles ne pourraient porter que sur des quantités à peu près insensibles, qu'elle émane d'ailleurs directement, et sans aucune transformation, des formules différentielles du mouvement troublé dans lesquelles la longitude moyenne de l'astre troublé a été pris pour la variable indépendante, nous pensons qu'il est hors de doute qu'il y a lieu de diminuer la grandeur du coefficient de l'*inégalité séculaire* du moyen mouvement lunaire qu'on avait déduite autrefois des observations, et que les astronomes, par la comparaison plus attentive des anciennes éclipses aux Tables lunaires si perfectionnées de nos jours, confirmeront sur ce point les résultats de l'analyse, et rétabliront l'accord parfait qui doit toujours exister entre la théorie et l'observation, accord sans lequel les plus belles conceptions de l'esprit humain ne présenteraient plus que doute et incertitude.

ADDITION.

Tandis que le Supplément qui précède était sous presse, la discussion scientifique à laquelle a donné lieu la détermination du coefficient de *l'équation séculaire* du mouvement moyen de la Lune, et dont il a été question dans le préambule, a pris de plus grandes proportions ; plusieurs géomètres distingués sont descendus dans l'arène et chacun a donné, par des méthodes différentes, des valeurs particulières, dont les unes s'écartent sensiblement des résultats indiqués par les observations, dont les autres offrent à cet égard plus de concordance avec elles, mais qui toutes diffèrent considérablement du résultat que nous avons obtenu en employant les formules directes, qui nous ont servi à déterminer toutes les inégalités périodiques et à longues périodes du mouvement lunaire, et qui semblent aussi les plus propres à déterminer d'une manière exacte ses variations séculaires. D'un autre côté, notre théorie a reçu dans ces derniers temps une importante confirmation (*) : des Tables lunaires, qui paraissent principalement basées sur les expressions de la longitude, de la latitude et de la parallaxe équatoriale données n° 137, 138, 141 du Livre VII, ont été construites en Amérique et servent maintenant dans les États-Unis au calcul de tous les annuaires et éphémérides consacrés aux usages de l'astronomie ou de la navigation. Ces Tables représentent merveilleusement bien les observations ; leurs écarts dans les cas les plus défavorables ne vont pas à 2″,5 et paraissent même pouvoir être aisément ramenées de 1″ en dessous de cette limite, en sorte qu'elles dépasseraient de beaucoup en précision celle qu'on peut attendre des meilleures observations : elles soutiennent dès à présent sans désavantage la

---

* Voir *Essai sur la Théorie de la Lune* par Lubbock, X^e partie ; 1860

comparaison avec les Tables de Hansen, publiées récemment en Angleterre avec un grand luxe aux frais du gouvernement britannique, et qui ne sont, à vrai dire, que des Tables *empiriques* où la théorie a été sacrifiée au désir d'obtenir la plus grande concordance possible avec les observations, en recourant même à des moyens tout à fait étrangers à la loi de la gravitation universelle. Il est donc évident qu'avec quelque soin on parviendrait aisément à donner à ces Tables américaines un nouveau degré de perfection, et que le problème proposé aux géomètres par l'Académie des Sciences de Paris dans son programme de 1820 (*) : « Former par la seule théorie des Tables lunaires assez exactes pour suffire à tous les besoins de la pratique sans rien emprunter à l'observation que les données indispensables de la question, c'est-à-dire les éléments elliptiques du mouvement lunaire à une époque déterminée », serait ainsi complétement résolu. C'est donc pour nous une obligation nouvelle de revoir avec soin ceux de nos coefficients qui seraient encore susceptibles d'acquérir un plus grand degré d'exactitude en portant plus loin les approximations, et d'examiner en même temps avec la plus scrupuleuse attention les points qui pourraient, comme la détermination de l'*équation séculaire* du mouvement moyen, avoir laissé quelque doute dans des esprits d'ailleurs très-éclairés.

Laplace et après lui Damoiseau et M. Plana, qui ont développé ses formules en poussant plus loin les approximations, avaient supposé que dans la détermination des *équations séculaires* qui affectent le moyen mouvement de la Lune, les mouvements du périgée et des nœuds de son orbite, on peut regarder comme constante l'excentricité e' de l'orbite terrestre et n'avoir égard à sa variation que dans le résultat final, ou, ce qui revient au même, ils avaient déterminé le rapport des vitesses moyennes de la Lune dans son orbite réelle et dans son orbite elliptique, ainsi que les coefficients des mouvements moyens du périgée et des nœuds, comme si l'orbite terrestre était rigoureusement fixe et inaltérable. Cette supposition, évidemment, simplifie beaucoup le calcul, et je l'ai

---

(*) *Théorie analytique du Système du Monde*, tome IV, page 6.

adoptée dans tout le cours de mes recherches sur le coefficient de *l'équation séculaire*. Cependant quelques géomètres en ont contesté l'exactitude; ils ont suivi les idées émises à cet égard pour la première fois par Poisson dans un Mémoire très-remarquable sur la Théorie de la Lune, lu à l'Académie des Sciences en 1833, et que nous avons déjà eu l'occasion de citer dans le préambule du Livre VII de cet ouvrage (t. IV, p. 15) (*). Poisson veut qu'on ait égard à la variation de l'excentrité e' de l'orbe terrestre dans les formules différentielles du mouvement troublé; mais on est amené ainsi, par les intégrations successives, à introduire dans l'expression du coefficient de *l'équation séculaire* une foule de termes nouveaux qui écartent d'une manière très-sensible le résultat final de l'exactitude et de l'accord qu'il devrait présenter avec les observations. Cette raison suffirait seule sans doute pour faire repousser une pareille hypothèse; nous montrerons en outre qu'elle est contraire aux vrais principes de la théorie des perturbations planétaires.

Mais il est bon de montrer d'abord comment les formules de la *variation des constantes arbitraires*, dans la supposition où l'on regarde comme invariable l'excentricité de l'orbite terrestre, reproduisent identiquement les différents termes du coefficient de *l'équation séculaire* que nous avons déterminé d'une manière toute différente dans le Supplément au Livre VII. Cette vérification est de nature à ne laisser aucun doute sur l'exactitude de nos résultats.

Reprenons l'expression de $d\varepsilon$, n° 93, Livre VII, en n'ayant égard qu'aux termes de l'ordre m^2 et m^3, il suffira de supposer

$$d\varepsilon = - \, 2\,andt\left(a\,\frac{dR}{da}\right) + \frac{andt}{2}\left(e\,\frac{dR}{de}\right) + \frac{andt}{2}\left(\gamma\,\frac{dR}{d\gamma}\right). \quad (a)$$

Nous supposerons que dans cette formule a et n représentent les quantités que nous avons désignées par $a_{\prime}$ et $n_{\prime}$ dans le Supplément, mais nous supprimerons les accents, pour plus de simplicité.

(*) *Mémoires de l'Académie des Sciences* (t. XII, 1833).

Supplément au VIIe Livre. 6

En observant que $a^2 \left(\dfrac{dR}{da}\right) = 2 a R$, par le n° 2 du Supplément et par le n° 97 du Livre VII, on trouvera

$$a^2 \left(\frac{dR}{da}\right) = \left(\frac{9}{8} m^2 + \frac{825}{32} m^3\right) e^2 e'^2,$$

$$a \left(e \frac{dR}{de}\right) = \left(\frac{9}{8} m^2 + \frac{825}{16} m^3\right) e^2 e'^2.$$

Par le n° 3 du Supplément et le n° 97 du Livre VII, on aura

$$a^2 \left(\frac{dR}{da}\right) = \left(-\frac{9}{8} m^2 + \frac{93}{32} m^3\right) e'^2 \gamma^2,$$

$$a \left(\gamma \frac{dR}{d\gamma}\right) = \left(-\frac{9}{8} m^2 + \frac{33}{16} m^3\right) e'^2 \gamma^2.$$

En substituant ces valeurs dans la formule (a) on en conclut

$$d\varepsilon = \left\{ \left[\left(-\frac{9}{4} + \frac{9}{16} = -\frac{27}{16}\right) m^2 \right. \right.$$
$$\left. + \left(-\frac{825}{16} + \frac{825}{32} = -\frac{825}{32}\right) m^3 \right] e^2 e'^2$$
$$+ \left[\left(\frac{9}{4} - \frac{9}{16} = \frac{27}{16}\right) m^2 \right.$$
$$\left. \left. + \left(-\frac{93}{16} + \frac{33}{32} = -\frac{153}{32}\right) m^3 \right] e'^2 \gamma^2 \right\} n dt.$$

Considérons maintenant les termes de l'ordre m^4, indépendants à la fois de l'excentricité et de l'inclinaison à l'écliptique de l'orbite lunaire. Il suffira, dans ce cas, n° 102, Livre VII, de supposer

$$d.\delta\varepsilon = -2 dt.\delta.a^2 n \frac{dR}{da} + \frac{dt}{2} \delta.an \left(e \frac{dR}{de}\right). \qquad (b)$$

On a d'ailleurs

$$\delta.an \left(a \frac{dR}{da}\right) = an\delta.\left(a \frac{dR}{da}\right) + \delta an.\left(a \frac{dR}{da}\right),$$

$$\delta.an \left(e \frac{dR}{de}\right) = an\delta.\left(e \frac{dR}{de}\right) + \delta an.\left(e \frac{dR}{de}\right).$$

Le dernier terme de la seconde équation ne pouvant produire que des termes dépendants de l'excentricité e que nous négligeons, on peut le supprimer.

Nous avons trouvé, n°s 16 et 45, Livre VII :

$$a\,\mathrm{R} = \frac{m^2}{4} - \frac{179}{96}\,m^4 + \left(\frac{3}{8}\,m^2 - \frac{799}{64}\,m^4\right) e'^2.$$

En multipliant cette valeur par le rapport $\dfrac{a_1}{a} = \left(1 - \dfrac{2}{3}\,m^2 - m^2 e'^2\right)$ (n° 4, Supplément) et supprimant les accents, on aura

$$a\,\mathrm{R} = \frac{m^2}{4} - \frac{65}{32}\,m^4 + \left(\frac{3}{8}\,m^2 - \frac{831}{64}\,m^4\right) e'^2.$$

On peut d'ailleurs obtenir directement cette valeur par les formules de la variation des constantes arbitraires, en substituant dans l'expression de $\delta \mathrm{R}$, n° 100, Livre VII, à la place de $\delta\zeta$, δa, etc., leurs valeurs données par la première approximation.

En vertu de l'équation $a\,\dfrac{d\mathrm{R}}{da} = 2\,\mathrm{R}$, on en conclura donc

$$an\delta.\left(a\,\frac{d\mathrm{R}}{da}\right) = -2n\left[\frac{65}{32}\,m^4 + \frac{831}{64}\,m^4 e'^2\right].$$

Soit

$$a\,\mathrm{R} = m^2\,\mathrm{F}\cos 2\xi + m^2\,\mathrm{F}'\,e'\cos(2\xi - \varphi') + m^2\,\mathrm{F}''\,e'\cos(2\xi + \varphi').$$

En vertu de la formule n° 87, Livre VII, on a

$$\delta a = 2\,a^2 \int d'\mathrm{R}. \qquad (m)$$

En observant que $\displaystyle\int d'\mathrm{R} = \int\left(\frac{d\mathrm{R}}{n\,dt}\right) n\,dt$ et que nous avons supposé ici $\xi = (1-m)\,nt + \varepsilon - \varepsilon'$, on trouve aisément, en négligeant les termes d'un ordre supérieur à m^2 :

$$a\int d'\mathrm{R} = m^2\,\mathrm{F}\cos 2\xi + m^2\,\mathrm{F}'\,e'\cos(2\xi - \varphi')$$
$$+ m^2\,\mathrm{F}''\,e'\cos(2\xi + \varphi').$$

Si l'on substitue cette valeur dans la formule (m), que l'on combine l'expression résultante avec celle de $a\left(\dfrac{dR}{da}\right)$ tirée de l'équation $\left(a\dfrac{dR}{da}\right) = 2R$, en n'ayant égard qu'aux termes non périodiques et en observant que $\delta.an = -\dfrac{1}{2}\,n\,\delta a$, on trouvera

$$\left(a\frac{dR}{da}\right)\delta.an = -m'n(F^2 + F'^2 e'^2 + F''^2 e'^2).$$

Pour réduire cette valeur en nombres, observons qu'on a par le développement de la fonction R, n° 6, Livre VII,

$$F = \frac{3}{4}\left(1 - \frac{5}{2}\,e'^2\right), \qquad F' = \frac{21}{8}, \qquad F'' = -\frac{3}{8},$$

et par conséquent

$$\left(a\frac{dR}{da}\right)\delta.an = -n\left[\frac{9}{16}\right.$$
$$\left. + \left(-\frac{45}{16} + \frac{441}{64} + \frac{9}{64} = \frac{135}{32}\right)m'e'^2\right].$$

En vertu de cette valeur et de celle de $an\delta.\left(a\dfrac{dR}{da}\right)$, on aura donc

$$\delta.an\left(\frac{dR}{da}\right) = n\left[-\left(\frac{65}{16} + \frac{9}{16} = \frac{37}{8}\right)m'\right.$$
$$\left. - \left(\frac{831}{32} + \frac{135}{32} = \frac{483}{16}\right)m'e'^2\right].$$

Maintenant, on a généralement

$$\delta.\left(e\frac{dR}{de}\right) = \left(\frac{dR}{de}\right)\delta e + e\delta.\frac{dR}{de}.$$

Soit

$$a\mathrm{R} = m'' \mathrm{G}\, e\, \cos\varphi + m^2 \mathrm{G}'\, e \cos(2\xi - \varphi) + m^2\mathrm{G}''\, e \cos(2\xi + \varphi)$$
$$+ m^2\mathrm{H}\, ee'\, \cos(\varphi - \varphi') + m^2\mathrm{H}'\, ee'\, \cos(\varphi + \varphi')$$
$$+ m^2\mathrm{K}\, ee'\, \cos(2\xi - \varphi - \varphi') + m^2\mathrm{K}'\, ee'\, \cos(2\xi - \varphi + \varphi')$$
$$+ m^2\mathrm{K}''\, ee'\, \cos(2\xi + \varphi - \varphi') + m^2\mathrm{K}'''\, ee'\, \cos(2\xi + \varphi + \varphi').$$

On en conclura

$$a\left(\frac{d\mathrm{R}}{de}\right) = m^2 \mathrm{G}\cos\varphi + m^2\mathrm{G}'\cos(2\xi - \varphi) + m^2\mathrm{G}''\cos(2\xi + \varphi) + \text{etc.}$$

Pour former $a\delta.\dfrac{d\mathrm{R}}{de}$, il suffira donc de faire varier dans cette quantité la constante ω, qui se trouve comprise dans l'arc $\varphi = cnt + \varepsilon - \omega$, la variation des autres constantes ne donnant dans le produit $e\delta.\dfrac{d\mathrm{R}}{de}$ que des termes dépendants de l'excentricité c que nous négligeons; mais en observant qu'en n'ayant égard qu'aux termes précédents on a $e\dfrac{d\mathrm{R}}{de} = \mathrm{R}$ et par conséquent $e\dfrac{d^2\mathrm{R}}{de\,d\omega} = \dfrac{d\mathrm{R}}{d\omega}$, on aura ainsi

$$\delta.e\,\frac{d\mathrm{R}}{de} = \frac{d\mathrm{R}}{de}\,\delta e + \frac{d\mathrm{R}}{e\,d\omega}\,e\,\delta\omega.$$

Si par les formules du n° 87, Livre vii, on forme les valeurs de δe et de $e\,\delta\omega$, qu'on substitue ces valeurs ainsi que celles de $\dfrac{d\mathrm{R}}{de}$ et de $\dfrac{d\mathrm{R}}{e\,d\omega}$ dans la formule précédente, en n'ayant égard qu'aux termes non périodiques, on trouvera par un calcul très-simple, qu'il suffit d'indiquer ici (voir n° 97, Livre vii) :

$$a\delta.\left(e\frac{d\mathrm{R}}{de}\right) = m^2\left\{ \mathrm{G}^2 - \mathrm{G}'^2 + \frac{1}{3}\mathrm{G}''^2 \right.$$
$$\left. + e'^2\left(\mathrm{H}^2 + \mathrm{H}'^2 - \mathrm{K}^2 - \mathrm{K}'^2 + \frac{1}{3}\mathrm{K}''^2 - \frac{1}{3}\mathrm{K}'''^2\right)\right\}.$$

On a d'ailleurs, par le développement de R, n° 6, Livre VII,

$$G = -\frac{1}{2}\left(1 + \frac{3}{2}e'^2\right), \qquad G' = -\frac{9}{4}\left(1 - \frac{5}{2}e'^2\right),$$

$$G'' = \frac{3}{4}\left(1 - \frac{5}{2}e'^2\right),$$

d'où l'on tire

$$G^2 - G'^2 + \frac{1}{3}G''^2 = \left(\frac{1}{4} - \frac{81}{16} + \frac{3}{16} = -\frac{37}{8}\right)$$
$$+ \left(\frac{3}{4} + \frac{405}{16} - \frac{15}{16} = \frac{201}{8}\right)e'^2.$$

On a ensuite

$$H = -\frac{3}{4}, \qquad H' = -\frac{3}{4}.$$

$$K = -\frac{63}{8}, \qquad K' = \frac{9}{8}, \qquad K'' = \frac{21}{8}, \qquad K''' = -\frac{3}{8},$$

d'où l'on conclut

$$H^2 + H'^2 - K^2 - K'^2 + \frac{1}{3}K''^2 + \frac{1}{3}K'''^2$$
$$= \left(\frac{9}{16} + \frac{9}{16} - \frac{3969}{64} - \frac{81}{64} + \frac{147}{64} + \frac{3}{64} = -\frac{957}{16}\right),$$

en observant que l'on a

$$\delta.an\left(e\frac{dR}{de}\right) = an\,\delta.\left(e\frac{dR}{de}\right),$$

on aura, par conséquent,

$$\delta.an\left(e\frac{dR}{de}\right) = n\left[-\frac{37}{8}m' + \left(\frac{201}{8} - \frac{957}{16} = -\frac{555}{16}\right)m'e'^2\right].$$

Si l'on substitue cette valeur et celle de $\delta.an\left(a\frac{dR}{da}\right)$, calculée plus haut, dans la formule (b), on aura

$$d.\delta\varepsilon = \left[\left(\frac{37}{4} - \frac{37}{16} = \frac{111}{16}\right) m^{4}\right.$$
$$\left. + \left(\frac{483}{8} - \frac{555}{32} = \frac{1377}{32}\right) m^{4}c'^{2}\right] ndt.$$

En joignant à ces termes ceux qui résultent de la première approximation, et qui se déduisent aisément des formules rapportées n°s 93 et 96 du Livre vii, on aura donc pour la valeur complète de $d.\delta\varepsilon$

$$d.\delta\varepsilon = \left[\left(- m^{2} + \frac{111}{16} m^{4} + \left(- \frac{3}{2} m^{2} + \frac{1377}{32} m^{4}\right) c'^{2}\right)\right] ndt.$$

La valeur de $d.\delta\zeta$ contient (n° 92, Livre vii) le terme

$$d.\delta\zeta = \frac{3}{2} a^{2} ndt \left(\int d'R\right)^{2}. \qquad (n)$$

Nous avons trouvé précédemment

$$a \int d'R = m^{2}[\mathrm{F} \cos 2\xi + \mathrm{F}' c' \cos (2\xi - \varphi') + \mathrm{F}'' c' \cos (2\xi + \varphi')],$$

et par suite

$$a^{2} \left(\int d'R\right)^{2} = \frac{m^{4}}{2} (\mathrm{F}^{2} + \mathrm{F}'^{2} c'^{2} + \mathrm{F}''^{2} c'^{2}).$$

En substituant cette valeur dans la formule (n) on aura donc

$$d.\delta\zeta = \frac{3}{4} m^{4} (\mathrm{F}^{2} + \mathrm{F}'^{2} c'^{2} + \mathrm{F}''^{2} c'^{2}) ndt,$$

ou bien, en vertu des valeurs précédentes de F, F' et F'' :

$$d.\delta\zeta = \frac{3}{4} m^{4} \left(\frac{9}{16} + \frac{135}{32} c'^{2}\right) ndt.$$

En réunissant cette valeur à celle de $d.\delta\varepsilon$ donnée plus haut, on a

$$\frac{d.\delta\zeta}{dt} + \frac{d.\delta\epsilon}{dt} = n\left\{ -m^2 + \left(\frac{111}{16} + \frac{27}{64} = \frac{471}{64}\right) m^4 \right.$$
$$\left. + \left[-\frac{3}{2}m^2 + \left(\frac{1377}{32} + \frac{405}{128} = \frac{5913}{128}\right) m^4\right] e'^2 \right\}.$$

En joignant à cette expression les termes de $\frac{d.\delta\epsilon}{dt}$ dépendants des produits $e^2 e'^2$, $e'^2 \gamma^2$ déterminés précédemment, et en observant que v représentant la longitude vraie de la Lune dans l'orbite troublée, on a, en faisant abstraction des termes périodiques, $v = nt + \delta\zeta + \delta\epsilon$ et par conséquent $\frac{dv}{dt} = n\left(1 + \frac{d.\delta\zeta}{ndt} + \frac{d.\delta\epsilon}{ndt}\right) = \mathrm{n}$, en représentant par n le moyen mouvement déduit des observations, on trouvera enfin

$$\mathrm{n} = n\left[1 - m^2 + \frac{471}{64}m^4 - \left(\frac{3}{2}m^2 - \frac{5913}{128}m^3\right) e'^2 \right.$$
$$- \left(\frac{27}{16}m^2 + \frac{825}{32}m^3\right) e^2 e'^2$$
$$\left. + \left(\frac{27}{16}m^2 - \frac{153}{32}m^3\right) e'^2 \gamma^2\right],$$

valeur qui coïncide dans l'ordre d'approximation où nous nous arrêtons ici, avec celle que nous avons trouvée par un procédé tout différent dans le n° 4 du Supplément, et qui montre le parfait accord des deux méthodes.

Il faudrait d'après ce que dit Poisson dans son Mémoire cité précédemment (§ 28) pour compléter la valeur précédente de n, lui ajouter la partie qui provient des termes non périodiques de l'ordre m^4, qu'introduit indirectement, dans l'expression finie du grand axe et du moyen mouvement de la Lune, la variation de l'excentricité e' de l'orbe terrestre, et dont nous avons fait jusqu'ici abstraction. Nous allons calculer cette partie de la valeur de n en suivant les idées de ce géomètre et en négligeant toutefois les quantités qui seraient d'un ordre supérieur à m^4

Pour cela, reprenons la valeur de $d.\delta\zeta$, n° 92, Livre vii :

$$\frac{d.\delta\zeta}{dt} = -3an \int d'.\delta \mathrm{R} + \frac{3\,a'n}{2}\left(\int d'\mathrm{R}\right)^2. \qquad (\mathrm{A})$$

En observant qu'on a supposé $d'\mathrm{R} = \left(\dfrac{d\mathrm{R}}{d\varepsilon}\right)ndt$, en différentiant la caractéristique δ, on aura

$$\frac{d'.\delta\mathrm{R}}{dt} = n\delta.\left(\frac{d\mathrm{R}}{d\varepsilon}\right) + \left(\frac{d\mathrm{R}}{d\varepsilon}\right)\delta n.$$

Ou bien, en substituant pour δn sa valeur tirée de l'équation (7), (n° 43, Livre ii),

$$\frac{d'.\delta\mathrm{R}}{ndt} = \delta.\left(\frac{d\mathrm{R}}{d\varepsilon}\right) - 3an\left(\frac{d\mathrm{R}}{d\varepsilon}\right)\int\left(\frac{d\mathrm{R}}{d\varepsilon}\right)dt. \qquad (\mathrm{B})$$

Calculons les différentes parties de cette formule, en nous bornant toutefois aux termes non périodiques multipliés par e'^2 de l'ordre m^4, et indépendants de l'excentricité e et de l'inclinaison γ de l'orbe lunaire à l'écliptique, qu'elle peut renfermer.

Si dans l'expression de $\delta.\left(\dfrac{d\mathrm{R}}{d\varepsilon}\right)$, donnée n° 90, Livre vii, on substitue pour $\delta\zeta$, δa, etc., leurs valeurs tirées des formules (A), n° 87, et qu'on néglige les termes qui ne produiraient aucune quantité de l'ordre de celles que nous considérons, on trouvera la formule suivante :

$$\delta.\left(\frac{d\mathrm{R}}{d\varepsilon}\right) = -3an^2\left(\frac{d^2\mathrm{R}}{d\varepsilon^2}\right)\int dt\int\left(\frac{d\mathrm{R}}{d\varepsilon}\right)dt$$
$$+ 2a^2n\left[\frac{d^2\mathrm{R}}{da\,d\varepsilon}\int\left(\frac{d\mathrm{R}}{d\varepsilon}\right)dt - \frac{d^2\mathrm{R}}{d\varepsilon^2}\int\left(\frac{d\mathrm{R}}{da}\right)dt\right]$$
$$+ \frac{an}{e}\left[\frac{d^2\mathrm{R}}{d\varepsilon\,d\varpi}\int\left(\frac{d\mathrm{R}}{de}\right)dt - \frac{d^2\mathrm{R}}{d\varepsilon\,de}\int\left(\frac{d\mathrm{R}}{d\varpi}\right)dt\right].$$

Si l'on considère d'abord la partie de cette expression indépendante de l'excentricité de l'orbe lunaire, il suffira de supposer, comme précédemment,

$$a\,\mathrm{R} = m^2\,\mathrm{F}\cos 2\,\xi + m^2\,\mathrm{F}'\,e'\cos(2\,\xi - \varphi') + m^2\,\mathrm{F}''e'\cos(2\,\xi + \varphi').$$

Si, après avoir différentié cette expression par rapport à a et à ε, on intègre ensuite par parties les valeurs résultantes multipliées par dt, en considérant comme variables les trois coefficients F, $\mathrm{F}'\,e'$, $\mathrm{F}''e'$, à raison de la variabilité de l'élément e' qu'ils contiennent, mais en négligeant les différences secondes de e', parce que la lenteur avec laquellle cet élément varie les rendrait à peu près insensibles, on trouvera que ces intégrales renferment les termes suivants :

$$\int \left(\frac{d\mathrm{R}}{d\varepsilon}\right) dt = -\frac{m^2}{2\,an^2}\left[\frac{d\mathrm{F}}{dt}\sin 2\,\xi + \mathrm{F}'\frac{de'}{dt}\sin(2\,\xi - \varphi')\right.$$
$$\left. + \mathrm{F}''\frac{de'}{dt}\sin(2\,\xi + \varphi')\right],$$

$$\int \left(a\,\frac{d\mathrm{R}}{da}\right) dt = \frac{m^2}{2\,an^2}\left[\frac{d\mathrm{F}}{dt}\cos 2\,\xi + \mathrm{F}'\frac{de'}{dt}\cos(2\,\xi - \varphi')\right.$$
$$\left. + \mathrm{F}''\frac{de'}{dt}\cos(2\,\xi + \varphi')\right].$$

On aura d'ailleurs, en effectuant les opérations indiquées,

$$a^2\frac{d^2\mathrm{R}}{da\,d\varepsilon} = -4\,m^2\left[\mathrm{F}\sin 2\,\xi + \mathrm{F}'\,e'\sin(2\,\xi - \varphi') + \mathrm{F}''\,e'\sin(2\,\xi + \varphi')\right],$$

$$a\,\frac{d^2\mathrm{R}}{d\varepsilon^2} = -4\,m^2\left[\mathrm{F}\cos 2\,\xi + \mathrm{F}'\,e'\cos(2\,\xi - \varphi') + \mathrm{F}''e'\cos(2\,\xi + \varphi')\right],$$

d'où il est aisé de conclure

$$2\,a^2 n\left[\frac{d^2\mathrm{R}}{da\,d\varepsilon}\int\left(\frac{d\mathrm{R}}{d\varepsilon}\right) dt - \frac{d^2\mathrm{R}}{d\varepsilon^2}\int\left(\frac{d\mathrm{R}}{da}\right) dt\right]$$
$$= \frac{4\,m^2}{an}\left(\mathrm{F}\frac{d\mathrm{F}}{dt} + \mathrm{F}'^2\frac{e'de'}{dt} + \mathrm{F}''^2\frac{e'de'}{dt}\right).$$

On trouverait, par un calcul semblable,

$$-3\,an\left(\frac{d\mathrm{R}}{d\varepsilon}\right)\int dt\int\left(\frac{d\mathrm{R}}{d\varepsilon}\right)dt = \frac{3\,m^2}{an}\left(\mathrm{F}\frac{d\mathrm{F}}{dt} + \mathrm{F}'^2\frac{e'de'}{dt} + \mathrm{F}''^2\frac{e'de'}{dt}\right).$$

Considérons la troisième partie de la formule (B), et supposons dans R des termes de cette forme

$$a\mathrm{R} = m^2\,\mathrm{P}e\cos(int + i\varepsilon - \omega) + m^2\,\mathrm{Q}e\sin(int + i\varepsilon - \omega).$$

Si l'on différentie par rapport à ω et e cette valeur, et qu'après
les avoir multipliées par dt on intègre ensuite par parties les fonctions résultantes, on trouvera, par un calcul semblable à celui
que nous venons d'effectuer, que les intégrales finales contiennent les termes suivants,

$$\int\left(\frac{d\mathrm{R}}{ed\omega}\right)dt = \frac{m^2}{i^2an^2}\left(\frac{d\mathrm{P}}{dt}\sin\lambda - \frac{d\mathrm{Q}}{dt}\cos\lambda\right),$$

$$\int\left(\frac{d\mathrm{R}}{de}\right)dt = \frac{m^2}{i^2an^2}\left(\frac{d\mathrm{P}}{dt}\cos\lambda + \frac{d\mathrm{Q}}{dt}\sin\lambda\right),$$

où nous faisons, pour abréger, $\lambda = i(nt + \varepsilon) - \omega$; on a d'ailleurs

$$\frac{d^2\mathrm{R}}{d\varepsilon\,de} = -\frac{m^2 i}{a}(\mathrm{P}\sin\lambda - \mathrm{Q}\cos\lambda),$$

$$\frac{d^2\mathrm{R}}{ed\omega\,d\varepsilon} = \frac{m^2 i}{a}(\mathrm{P}\cos\lambda + \mathrm{Q}\sin\lambda),$$

d'où l'on conclura

$$an\left[\frac{d^2\mathrm{R}}{ed\omega\,d\varepsilon}\int\left(\frac{d\mathrm{R}}{de}\right)dt - \frac{d^2\mathrm{R}}{d\varepsilon\,de}\int\left(\frac{d\mathrm{R}}{ed\omega}\right)dt\right]$$
$$= \frac{m^4}{ian}\left(\mathrm{P}\frac{d\mathrm{P}}{dt} + \mathrm{Q}\frac{d\mathrm{Q}}{dt}\right). \tag{G}$$

Cela posé, si l'on considère d'abord dans la fonction R les termes
de cette forme

$$a\mathrm{R} = m^2\mathrm{G}e\cos\varphi + m^2\mathrm{H}ee'\cos(\varphi - \varphi') + m^2\mathrm{H}'ee'\cos(\varphi + \varphi'),$$

il est évident qu'il suffira, pour leur appliquer la formule précédente, de supposer $i = 1$, et de faire successivement $\mathrm{P} = \mathrm{G}$,
$\mathrm{Q} = 0$, $\quad \mathrm{P} = \mathrm{H}e'\cos\varphi'$, $\quad \mathrm{Q} = \mathrm{H}e'\sin\varphi'$, $\quad \mathrm{P} = \mathrm{H}'e'\cos\varphi'$,

$Q = - H' e' \sin \varphi'$, on aura donc, en vertu de ces termes,

$$\frac{m^4}{ian}\left(P\frac{dP}{dt} + Q\frac{dQ}{dt}\right) = \frac{m^4}{an}\left(G\frac{dG}{dt} + H^2\frac{e'de'}{dt} + H'^2\frac{e'de'}{dt}\right).$$

Soit maintenant

$$aR = m^2 G' e \cos(2\xi - \varphi) + m^2 K ee' \cos(2\xi - \varphi - \varphi')$$
$$+ m^2 K' ee' \cos(2\xi - \varphi + \varphi'),$$

il suffira de faire, dans la formule (C), $i = -1$, et successivement, $P = G' \cos l'$, $\quad Q = - G' \sin l'$, $\quad P = K \cos(l' + \varphi')$, $Q = -K \sin(l' + \varphi')$, $P = K' \cos(l' - \varphi')$, $Q = - K' \sin(l' - \varphi')$, en supposant, pour abréger, $l' = 2n't + 2\varepsilon'$, on aura ainsi

$$\frac{m^4}{ian}\left(P\frac{dP}{dt} + Q\frac{dQ}{dt}\right) = -\frac{m^4}{an}\left(G'\frac{dG'}{dt} + K^2\frac{e'de'}{dt} + K''^2\frac{e'de'}{dt}\right).$$

Soit enfin

$$aR = m^2 G'' e \cos(2\xi + \varphi) + m^2 K'' ee' \cos(2\xi + \varphi - \varphi')$$
$$+ m^2 K''' ee' \cos(2\xi + \varphi + \varphi'),$$

il faudra faire, dans la formule générale (C), $i = 3$, et successivement $P = G'' \cos l'$, $\quad Q = G'' \sin l'$, $\quad P = K'' \cos(l' + \varphi')$, $Q = K'' \sin(l' + \varphi')$, $P = K''' \cos(l' - \varphi')$, $Q = K''' \sin(l' - \varphi')$, et l'on aura, en vertu de ces termes,

$$\frac{m^4}{ian}\left(P\frac{dP}{dt} + Q\frac{dQ}{dt}\right) = \frac{m^4}{3\,an}\left(G''\frac{dG''}{dt} + K''^2\frac{e'de'}{dt} + K'''^2\frac{e'de'}{dt}\right).$$

En réunissant les différentes parties de la valeur de $\delta \cdot \left(\dfrac{dR}{d\varepsilon}\right)$ que nous venons de calculer, on aura

$$\delta \cdot \left(\frac{dR}{d\varepsilon}\right) = \frac{7}{}\frac{m^4}{an}\left(F\frac{dF}{dt} + F'^2\frac{e'de'}{dt} + F''^2\frac{e'de'}{dt}\right)$$
$$+ \frac{m^4}{an}\left(G\frac{dG}{dt} - G'\frac{dG'}{dt} + \frac{1}{3}G''\frac{dG''}{dt}\right)$$
$$+ \frac{m^4}{an}\left(H^2 + H'^2 - K' - K'' + \frac{1}{3}K''^2 + \frac{1}{3}K'''^2\right)\frac{e'de'}{dt}$$

Il nous reste à calculer le second terme de la formule (B). Or on a, par ce qui précède,

$$\frac{d\mathrm{R}}{d\varepsilon} = -\frac{2\,m^2}{a}\left[\,\mathrm{F}\sin 2\xi + \mathrm{F}'e'\sin(2\xi - \varphi') + \mathrm{F}''e'\sin(2\xi + \varphi')\right],$$

$$\int\frac{d\mathrm{R}}{d\varepsilon}\,dt = -\frac{m^2}{2\,an^2}\left[\frac{d\mathrm{F}}{dt}\sin 2\xi + \mathrm{F}'\frac{de'}{dt}\sin(2\xi - \varphi')\right.$$
$$\left. + \mathrm{F}''\frac{de'}{dt}\sin(2\xi + \varphi')\right],$$

d'où l'on conclut

$$-3an^2\left(\frac{d\mathrm{R}}{d\varepsilon}\right)\int\left(\frac{d\mathrm{R}}{d\varepsilon}\right)dt = -\frac{3\,m'}{2a}\left(\mathrm{F}\frac{d\mathrm{F}}{dt} + \mathrm{F}'^2\frac{e'de'}{dt} + \mathrm{F}''^2\frac{e'de'}{dt}\right).$$

Si l'on substitue ces valeurs dans l'équation (B), qu'on multiplie par dt la formule résultante, et qu'on l'intègre, on trouvera enfin

$$\int d'.\delta\mathrm{R} = \frac{11}{4}\frac{m'}{a}\left(\mathrm{F}^2 + \mathrm{F}'^2 e'^2 + \mathrm{F}''^2 e'^2\right)$$
$$+ \frac{m'}{2a}\left(\mathrm{G}^2 - \mathrm{G}'^2 e'^2 + \frac{1}{3}\mathrm{G}''^2 e'^2\right)$$
$$+ \frac{m'}{2a}\left(\mathrm{H}' + \mathrm{H}'^2 - \mathrm{K}^2 - \mathrm{K}'^2 + \frac{1}{3}\mathrm{K}''^2 + \frac{1}{3}\mathrm{K}'''^2\right)e'^2,$$

ou bien en substituant pour F, F', etc., leurs valeurs données précédemment, et en n'ayant égard, dans F^2 et G^2, qu'aux termes multipliés par e'^2,

$$\int d'.\delta\mathrm{R} = \frac{m'}{a}\left(\frac{11}{4}\frac{135}{32} + \frac{1}{2}\frac{201}{8} - \frac{1}{2}\frac{957}{10} = -\frac{735}{128}\right)e'^2.$$

La seconde partie de la formule (A) ne produit aucun terme du genre de ceux que nous considérons. Si l'on substitue donc pour $\int d'.\delta\mathrm{R}$ sa valeur dans cette formule, et qu'on joigne la valeur de $\dfrac{d.\delta\zeta}{dt}$ qui en résultera, à celle qui entre dans l'équation

$$\mathrm{n} = n\left(1 + \frac{d.\delta\zeta}{ndt} + \frac{d.\delta\varepsilon}{ndt}\right),$$ et que nous avons déterminée précédemment, en n'ayant égard qu'aux termes simplement multipliés par e'^2, on aura enfin

$$\mathrm{n} = n\left[-\frac{3}{2}m^2 + \left(\frac{5913}{128} + \frac{2205}{128} = \frac{4059}{64}\right)m'\right]e'^2.$$

Telle serait donc l'expression exacte de la valeur de n qui résulterait de l'analyse de Poisson. On voit que son premier effet serait d'augmenter du terme $\dfrac{2205}{128}m'e'^2$ la valeur de cette quantité, que nous avons déterminée n° 4 du Supplément (p. 64), et il en résulterait une diminution correspondante de $0'',6987$ sur le coefficient de l'*équation séculaire* du mouvement moyen (p. 75), que nous avons déjà trouvé par la théorie au-dessous de celui qui semble indiqué par les observations. Mais ce n'est rien encore : en poussant plus loin le même calcul, MM. Adams et Delaunay ont reconnu que cette diminution devenait de plus en plus considérable par les approximations successives, et ils ont donné du coefficient de l'*équation séculaire* une évaluation qui tombe au-dessous de $5'',7$ (*), c'est-à-dire de la moitié de ce que devrait être ce coefficient pour représenter les anciennes éclipses, même dans les plus larges limites d'erreurs qu'on puisse supposer aux observations de ces temps reculés. Un tel résultat est inadmissible, et il accuse évidemment un vice capital dans le procédé par lequel il a été obtenu. En effet, l'intégration par parties, que nous avons effectuée pour nous conformer aux idées de Poisson, et qui laisse échapper une partie des quantités qu'elle devait déterminer, non-seulement ne satisfait pas l'esprit, mais elle est contraire à tous les principes suivis dans la théorie des perturbations planétaires, où l'on a toujours considéré comme constants dans les équations différentielles les éléments de la planète troublée et de la planète

---

(*) *Mémoires de la Société astronomique de Londres*, vol. XIX, n° 6.

perturbatrice. Sans cette condition, le théorème si remarquable de *l'invariabilité du grand axe* et *du moyen mouvement* n'aurait pas lieu pour les planètes, pas plus que pour la Lune, lorsqu'on pousse les approximations jusqu'au carré de la force perturbatrice. Il me paraît donc évident que, sans être absolument vicieuse en principe, l'analyse de Poisson ne saurait s'adapter au cas auquel il a voulu l'appliquer; les termes qui en résultent dans l'expression de l'*équation séculaire* du moyen mouvement lunaire ressemblent à ces arcs de cercle que l'intégration introduit dans les valeurs des coordonnées planétaires, et qui les rendraient bientôt fautives, si l'on n'employait des procédés particuliers pour les faire disparaître (*). Dans le cas qui nous occupe, si l'on voulait avoir égard à la variation de l'excentricité e' de l'orbe terrestre dans l'intégration des équations différentielles du mouvement troublé, il faudrait, en nommant ϖ' la longitude du périhélie, substituer à la place de $e'\sin\varpi'$ et $e'\cos\varpi'$ dans les formules du mouvement elliptique leurs valeurs qu'on peut représenter (n° 64, Livre vii) par deux suites finies de termes de la forme $\Sigma.\mathrm{B}\sin(bt+\beta)$ et $\Sigma.\mathrm{B}\cos(bt+\beta)$, les intégrations des formules (A) (n° 87, Liv. vii) s'effectueraient ensuite sans difficulté, et l'on démontrerait par l'analyse du n° 60, Livre ii, qu'il n'en peut résulter dans la fonction $\int d'.\,\partial\mathrm{R}$, et par suite dans l'expression du grand axe et du moyen mouvement de la Lune, aucun terme non périodique du moins parmi les quantités de l'ordre m^i.

Concluons donc que le procédé que nous avons employé pour déterminer le coefficient de l'*équation séculaire* du moyen mouvement de la Lune, dans le Supplément au vii° Livre, est suffisamment justifié par une rigoureuse analyse, et que ce coefficient, par conséquent, où nous avons poussé les approximations jusqu'aux quantités du *septième* ordre, a toute l'exactitude que la question comporte.

(*) Voir *Supplément à la Théorie de la Lune*, par Plana, page 8; 1856.

ERRATA DU TOME IV.

Page 15, ligne 1 en remontant, *au lieu de* X, *lisez* XIII.

60, 11, *au lieu de* $3e^2 + 3e'^2$ *lisez* $2e^2 + 2e'^2$.

63, 23, *au lieu de* 6, *lisez* 3.

165, 9, *au lieu de* m^2, *lisez* m^4.

175, 7, *idem.*

295, 16, *au lieu de* $\dfrac{11}{2}$, *lisez* $\dfrac{11}{12}$.

422, 13, *au lieu de* $\delta\omega$ et $\delta\theta$, *substituez les valeurs différentielles* $d\omega$ et $d\theta$.

Ibid. 16, *après* leurs valeurs, *ajoutez* en intégrant

433. 13, *au lieu de* $\dfrac{2}{2}$, *lisez* $\dfrac{2}{3}$.

572, 22, *au lieu de* 26659, *lisez* 6659.

586. 1 en remontant, *au lieu de* $\dfrac{265}{64}$, *lisez* $\dfrac{265}{24}$.

PARIS. — IMPRIMERIE DE MALLET-BACHELIER,
rue de Seine-Saint-Germain, 10, près l'Institut.

TABLES

POUR SERVIR

AUX ÉTUDES ET A L'EXÉCUTION

DES

CHEMINS DE FER,

AINSI QUE DANS TOUS LES TRAVAUX OU L'ON FAIT USAGE
DU CERCLE ET DE LA MESURE DES ANGLES.

Par N. MEISSAS,

Ancien Ingénieur du chemin de fer de Paris à Cherbourg, Membre de l'Aca-
demie impériale de Reims, Censeur des Études au Lycée de Cahors.

Ouvrage honoré de la Souscription
DU MINISTRE DES TRAVAUX PUBLICS.

VOLUME IN-12 DE 400 PAGES, AVEC FIGURES DANS LE TEXTE. — PRIX, 8 FR.

En adressant à **M. Mallet-Bachelier** un mandat de **8 francs** sur la
poste, l'ouvrage sera envoyé *franco* dans toute la France.

PROSPECTUS.

Joindre l'exactitude à la rapidité du travail dans l'exécution des railways, tel est l'objet principal de ces diverses
Tables dont l'utilité s'étend, ainsi que l'indique le titre,
à tous les travaux où l'on fait usage du Cercle et de la Mesure des Angles, et qui peuvent, dans un grand nombre de
cas, remplacer avec avantage les Tables de Logarithmes,
avec lesquelles leur disposition et leur usage présentent
d'ailleurs la plus grande analogie.

Conçues et exécutées en majeure partie sur le terrain, à
l'occasion des travaux de la ligne de Paris à Cherbourg, lon-

guement et soigneusement vérifiées sur la ligne de Paris à Lyon par ordre du Ministre des Travaux publics, ces Tables offrent toutes les garanties désirables d'utilité pratique et d'exactitude numérique. L'étendue et la variété des matières qu'elles embrassent en font un travail complet dans lequel on trouve avec une extrême facilité tous les résultats dont on peut avoir besoin dans les questions de tracé et de construction. Le texte et les figures accompagnés d'exemples variés peuvent mettre le lecteur le moins versé dans les mathématiques à même de se familiariser en quelques heures avec l'usage de chacune de ces Tables.

Opinion de M. Léon Lalanne, Ingénieur en chef.

« Après les avoir examinées avec soin, ainsi que le texte qui les accompagne et qui en explique l'usage, je dois déclarer qu'elles me paraissent d'une incontestable utilité. La manière dont il les a calculées et la clarté avec laquelle il en a développé les diverses applications dénotent chez l'Auteur une connaissance approfondie de la théorie et de la pratique des opérations sur le terrain. »

Extrait du Rapport fait au nom du Conseil général des Ponts et Chaussées par M. Bazaine, Ingénieur en chef.

Table des Ordonnées du Cercle.

« La première Table est celle des Ordonnées du Cercle. Elle est fort bien dressée et d'une parfaite exactitude ; son emploi est des plus commodes.

Table de la Mesure des Angles.

» La deuxième Table est, comme les autres, précédée d'une Note qui en explique l'usage avec beaucoup de clarté. Elle doit servir à la Mesure des Angles sur le terrain.

» M. Meissas signale avec raison les imperfections de l'usage que l'on fait habituellement d'instruments angulaires, tels que l'équerre ou le graphomètre.

» En effet, on peut dire que le plus souvent les opérateurs employés aux tracés des routes ou chemins de fer n'ont à leur disposition qu'un instrument exact : le ruban d'acier qui sert à mesurer les distances.

» Le procédé que **M. Meissas** indique, et qui n'exige que la mesure de lignes droites, est donc assurément plus exact et plus simple, et la Table qu'il a composée pour l'application de ce procédé aurait une véritable utilité pratique.

» Nous croyons pouvoir dire d'ailleurs que, sous sa forme, c'est un travail nouveau dû à l'initiative de **M. Meissas**.

Table des Tangentes, Bissectrices, Projections, Tracé des Angles.

» La Table suivante intitulé *Tangentes*, *Bissectrices*, *Projections*, *Tracé des Angles*, fournit d'une manière simple des renseignements dont on a constamment besoin.

Table des Points équidistants.

» On reproche à la Méthode des Ordonnées, dit **M. Meissas**, l'inconvénient de ne pas donner des points équidistants sur les courbes, et de rendre ainsi difficile l'égalité d'espacement des piquets d'axe, égalité qui présente des avantages réels, et qu'il faut, autant que possible, tâcher d'observer. **M. Meissas** a donc voulu, avec raison, que l'usage des Tables permît de tracer les courbes par points équidistants. L'exactitude de son procédé pour la mesure des cordes est incontestable ; mais nous regrettons de ne pas voir figurer les équidistances mesurées sur les arcs de cercle eux-mêmes, car cette addition, exécutée avec le soin que **M. Meissas** apporte à ses travaux, produirait une Table des plus utiles (1).

---

(1) Cette Table a été ajoutée depuis le Rapport de M. Bazaine. Son exécution ayant nécessité la résolution de six mille équations trigonométriques dans chacune desquelles il fallait tenir compte des fractions de seconde, a de plus été retardée par divers obstacles. Elle remplit maintenant toutes les conditions désirables.

Le Conseil général des Ponts et Chaussées ayant examiné de nouveau ces *Tables* ainsi complétées, a reconnu qu'il y aurait utilité réelle à les publier, et M. le Ministre des Travaux publics a sanctionné ce deuxième Rapport en augmentant sa première souscription.

» En résumé, le travail présenté par **M. Meissas** est préparé avec beaucoup de soin, d'exactitude et de clarté ; il dénote chez son Auteur une instruction solide. Si ce travail était publié, il aurait certainement une grande utilité pratique. »

Indépendamment des avantages que ces Tables présentent aux Ingénieurs, aux Architectes, etc., elles pourraient être mises très-utilement entre les mains des Élèves pour leur enseigner le Tracé des Courbes et la Mesure des Angles par des procédés expéditifs et rigoureux, car ils ne trouvent en général dans les livres classiques publiés depuis quelques années que des moyens impraticables, qui ne leur donnent qu'une idée fausse des opérations sur le terrain et du degré de précision que l'on peut atteindre avec les instruments.

Enfin ce travail, complet dans sa spécialité, est susceptible d'applications si nombreuses et si variées, que l'on peut sans exagération le comparer aux Tables de Callet, et que nous croyons rendre un véritable service au public en le **lui offrant à un prix** qui le met à la portée de tout le **monde.**

TABLE DES MATIÈRES.

Paris. — Imprimerie de MALLET-BACHELIER, rue du Jardinet, 12

LIBRAIRIE DE MALLET-BACHELIER,
QUAI DES AUGUSTINS, 55, A PARIS.

TRAITÉ
DES POISONS

ou

TOXICOLOGIE

APPLIQUÉE

A LA MÉDECINE LÉGALE, A LA PHYSIOLOGIE ET A LA THÉRAPEUTIQUE;

Par Ch. FLANDIN,

Docteur en Médecine de la Faculté de Paris, Chevalier de la Légion d'honneur.

3 VOLUMES IN-8°, AVEC PLANCHES, 21 FRANCS.
Les tomes II et III se vendent séparément, 14 fr.

Prospectus.

Il ne faut point parler des Poisons, disait-on chez les Anciens, et l'on a brûlé les livres qui en traitaient, ceux de Mendésius, d'Orphée, d'Héliodore le poëte et d'Aratus. « Je ne remettrai de Poison à personne, » je tairai ce qui ne doit jamais être divulgué..., » disait Hippocrate dans son admirable Serment. Et Galien répète ces paroles traditionnelles, et sous Néron, l'empereur qui s'associe Locuste, sans dire un mot des Poisons, il écrit deux livres sur les antidotes.

La science moderne n'a plus à garder la même ré-

serve. « Il n'est nullement coupable de traiter de ces
» matières, dit déjà Mercurialis au XVIe siècle; il
» importe à l'homme de connaître ce dont il doit se
» préserver. » Et nous ajoutons, en empruntant les
paroles de M. Flandin : « Les Poisons sont nos pre-
» miers médicaments; il faut en approfondir l'étude
» tout à la fois dans l'intérêt social et pour servir les
» progrès de la Médecine. »

Qu'on suive les travaux récents de la Toxicologie.
Ils ont conduit à la démonstration de ce fait, depuis
longtemps entrevu, mais dont les conséquences ne
pouvaient à l'avance être adoptées, que les Poisons
et les Médicaments étaient absorbés, qu'ils traver-
saient l'économie, pour s'échapper, plus ou moins
rapidement, par les voies émonctoires, les reins, la
peau, les poumons.

Or, ce fait établi, quels en sont les corollaires immédiats?

C'est, il nous semble avec l'auteur de ce livre, que
les Poisons (et aussi les Médicaments) n'agissent pas
simplement au contact, comme des excitants, des
irritants ou des narcotiques, etc. ; c'est qu'ils ne trans-
mettent pas leur action par sympathie ou à travers les
nerfs (along the nerves), atteignant soit la sensibilité,
soit la contractilité, soit le principe vital lui-même;
c'est qu'ils exercent leurs effets, extrêmement variables, ou par action de présence, ou en vertu des affinités chimiques ordinaires, subordonnées toutefois
aux conditions physiologiques.

À ces corollaires, et au fait qui les précède, se rat-
tachent, comme conséquences, des applications pratiques d'une extrême importance.

Premièrement, dit M. Flandin, il n'existe pas et il

ne peut pas exister de Poisons dits *normaux* ou *constitutionnels*. C'est une thèse qu'il soutient contre deux célèbres Toxicologistes qui ont cru, l'un, **M. Orfila**, avoir trouvé de l'arsenic *normal;* l'autre, **M. Devergie**, avoir découvert du cuivre et du plomb *constitutionnels* dans le corps humain.

Secondement, les Poisons étant absorbés, si la mort est la conséquence de cette absorption, il reste infailliblement des traces de la matière toxique dans la trame des organes : la Chimie doit s'appliquer à les retrouver, et l'expérience a montré déjà qu'elle y parvenait dans presque tous les cas.

Troisièmement, si les Poisons ne sont pas des irritants, des corrosifs, des narcotiques, comme on l'a dit; s'ils agissent moléculairement par action de présence, ou en vertu d'affinités chimiques, ce n'est point une irritation, une inflammation imaginaire qu'il faut combattre, mais un empoisonnement, c'est-à-dire un ensemble de phénomènes pathologiques qui constituent, ici une *ataxie*, là une *adynamie* ou une *hyposthénie*, pour parler un langage plus moderne.

La partie physiologique ou médicale n'est, pour ainsi dire, que la partie secondaire du livre de M. Flandin; la partie principale a pour objet les applications chimiques et médico-légales. On sait, par les nombreux Mémoires que l'auteur a présentés à l'Académie des Sciences, avec la collaboration de M. Danger d'abord, et seul ensuite, toute la précision, nous pourrions dire toute la rigueur des méthodes analytiques qu'il a proposées pour la recherche des matières toxiques en général dans les cas d'empoisonnements criminels. Il n'est pas un expert appelé par les tribunaux qui n'ait fait et ne fasse habituellement usage, pour retrouver les Poisons métalliques, du procédé de carbonisation dit par l'acide sulfurique, ou de MM. Flandin et Danger. Bientôt, sans doute, il ne sera non plus aucun chimiste qui n'adopte pour la recherche des Poisons végétaux ou des principes immédiats organiques, le procédé d'analyse que M. Flandin vient de communiquer à l'Académie des Sciences. Les procédés anciens, on peut le dire aujourd'hui, ne conduisaient réellement pas au but qu'il était si important d'atteindre.

Nous ne pouvons et ne voulons parler ici ni de la méthode, ni du style de M. Flandin. Le premier volume de ce *Traité des Poisons* est publié depuis longtemps, et l'on a pu le juger. Les deux volumes que nous annonçons compléteront une œuvre sur laquelle nous dirons avec l'auteur, qu'un livre doit se défendre seul ou qu'il ne mérite pas de vivre.

PARIS. — IMPRIMERIE DE MALLET-BACHELIER, RUE DU JARDINET, 12.

LIBRAIRIE DE MALLET-BACHELIER,
Quai des Grands-Augustins, 55, à Paris.

TRAITÉ
D'OPTIQUE PHYSIQUE,

Par M. F. BILLET,

Professeur de Physique à la Faculté des Sciences de Dijon.

2 FORTS VOLUMES IN-8 AVEC 14 PLANCHES COMPOSÉES DE 337 FIGURES.
PRIX, 15 FRANCS.

En adressant à **M. Mallet-Bachelier** un mandat de **15** francs sur la poste,
l'ouvrage sera envoyé *franco* dans toute la France.

PROSPECTUS.

On sait l'élan qui fut imprimé à l'étude physique de la lumière par
la découverte à jamais mémorable de Malus. L'optique, depuis longtemps stationnaire, s'enrichit alors, avec une rapidité sans exemple,
de nombreux phénomènes aussi brillants qu'inattendus. Parmi les
noms des savants auxquels sont dus ces merveilleux progrès, nous
nous bornons à citer Young et Fresnel, Arago, MM. Biot et Brewster,
Herschel et Babinet, et plus près de nous, MM. de Senarmont, Jamin,
Fizeau, Léon Foucault, etc. Les géomètres eux-mêmes prirent part
à ce grand mouvement: aussi est-il juste d'adjoindre aux noms qui
précèdent, ceux d'Hamilton, Plucker, et du si regrettable Cauchy.

Par l'extrême variété des phénomènes, par le grand nombre de circonstances qui influent sur quelques-uns d'entre eux et enfin par
l'excessive complication que devaient présenter certaines lois quand
on leur a donné leur expression algébrique, la science se trouvait
menacée d'un double danger, à savoir, l'encombrement que produit l'i-
solement des faits, et les fausses lueurs qu'amènent les lois empi-

riques. Si elle y a échappé, si la valeur relative des faits y a été tout de suite appréciée, si quelques erreurs bien excusables dans des matières aussi délicates y ont été reconnues sans retard, si enfin on a pu aller droit à des faits que l'expérience seule ne rencontrait pas : c'est que parmi les savants illustres qui ont concouru à l'envi à l'établissement de cette science nouvelle, il se trouvait un de ces génies privilégiés auxquels est largement dévolu le sentiment des harmonies du monde physique, un de ces grands promoteurs des sciences d'observation chez qui l'intuition qui devine était unie, dans les plus heureuses proportions, et à l'art de combiner les expériences, et à cette prudence qui recherche incessamment dans la confrontation des faits avec les idées la confirmation de ces dernières.

Cependant, si l'optique après Fresnel se trouvait constituée, ce n'était pas sans des discontinuités qui avaient leur source les unes dans la puissance extraordinaire de son génie, les autres dans la brièveté de sa carrière. Mort à la tâche et avant l'âge, Fresnel s'est souvent contenté de tracer les grandes lignes et n'a pas eu le temps d'aborder les détails. Habitué à saisir intuitivement des rapports lointains, il a usé quelquefois d'un genre d'évidence qui n'est à la portée que de quelques-uns et cesse d'être démonstrative pour le grand nombre. Pour réduire en Traité son œuvre grandiose, il fallait donc rétablir les sous-entendus et modifier au besoin la succession des idées, remplacer en un mot quelquefois les pas du géant par la marche de tout le monde.

Cette obligation d'amoindrir les difficultés était surtout impérieuse à l'égard de sa théorie de la double réfraction, le plus grand effort de son incomparable génie. Or il est arrivé qu'une fois les résultats connus et le but à atteindre marqué, des physiciens et des géomètres éminents se sont proposé d'y arriver à leur manière, et y ont en effet réussi, grâce à un mélange heureux d'analyse et de synthèse. En présence de ces simplifications, auxquelles il lui a été possible d'ajouter encore par ses efforts personnels, l'auteur de ce Traité a pensé que le moment était venu de vulgariser par une exposition simple et continue ces belles matières.

Ce n'est toutefois qu'exceptionnellement et pour ainsi dire dans des cas de force majeure qu'il s'est écarté de la route suivie par Fresnel. Outre qu'on s'intéressera toujours aux moyens par lesquels a été fondée la théorie ondulatoire de la lumière, il y a dans cette marche primesautière des ressources remarquables pour une exposition simple; et l'on peut croire que longtemps encore ce sera en prenant, comme Fresnel, son sujet corps à corps, que se feront les découvertes ultérieures. Le physicien n'a aucun intérêt à compliquer la difficulté inhérente aux idées, d'une autre difficulté plus grande encore, venant du calcul. Il doit donc s'attacher à un mode de faire qui laisse à ce dernier un rôle de véritable auxiliaire.

Pour mieux caractériser d'ailleurs la marche suivie par l'auteur, nous dirons que pendant longtemps son ambition se bornait à préparer des lecteurs à l'ouvrage de pure théorie que l'illustre Cauchy nous avait promis sur l'optique. L'expérience aura donc une large part dans l'ouvrage que nous publions, et si l'on en excepte, d'une part la diffraction, qui, malgré de récents progrès dus à M. Quet, ne peut pas, par sa nature même, être exonérée des complications de l'analyse, et de l'autre quelques intégrations des plus simples, on n'y trouvera rien qui excède les connaissances mathématiques qui s'acquièrent dans les lycées.

Le premier volume comprend la *diffraction*, la *polarisation*, la *double réfraction uniaxe*, et les *interférences de la lumière naturelle ou polarisée*. Ces matières, sauf l'étendue plus grande qu'il a été possible de leur donner ici, avaient été déjà mises à la portée d'un grand nombre de lecteurs dans des publications bien connues, parmi lesquelles nous citerons le *Traité de Physique* qui est dû au savant professeur M. Pouillet.

Le deuxième volume comprend des matières auxquelles ce service de vulgarisation n'avait guère été rendu jusqu'à ce jour. Ce sont : les *polarisations circulaire* et *elliptique* avec toutes les circonstances si variées par lesquelles on les produit et on les reconnaît; la double réfraction circulaire avec l'activité rotatoire qui en découle au même titre que la polarisation elliptique de la double réfraction ordinaire; les diverses polarisations chromatiques auxquelles donnent lieu les rayons polarisés soit circulairement, soit elliptiquement; c'est enfin la théorie physique de la double réfraction. Une large part est faite dans ce volume aux importants travaux de M. Biot, ce noble vétéran de la science, et à ceux de M. Pasteur, qui a su exploiter, avec tant d'habileté, un sujet qui intéresse à un égal degré la physique, la minéralogie et la chimie.

TABLE DES CHAPITRES.

TOME Ier.

TOME II.

Paris. — Imprimerie de MALLET-BACHELIER, rue du Jardinet, 12.

LIBRAIRIE MATHÉMATIQUE DE MALLET-BACHELIER,
Quai des Augustins, 55.

CALCULS PRATIQUES

APPLIQUÉS

AUX SCIENCES D'OBSERVATION,

Par M. BABINET,

Membre de l'Institut,

Et M. HOUSEL,

Ancien Élève de l'École Normale, Professeur de Mathématiques.

Volume in-8° avec figures dans le texte. — Prix : 6 francs.

En envoyant un mandat de 6 francs sur la poste, l'ouvrage sera expédié *franco* dans toute la France.

AVERTISSEMENT.

Tous ceux qui, par profession ou autrement, sont engagés dans les sciences d'application, ont eu de fréquentes occasions de reconnaître que, pour rendre possible la solution de questions très-compliquées, ou pour rendre facile celle des questions qui se présentent ordinairement dans la pratique, il suffit de calculer avec une exactitude comparable à la précision que comportent nos moyens d'observation. A quoi bon calculer en mètres ou même en kilomètres la distance du soleil à la terre, tandis qu'il reste encore, sur la valeur de cet élément si important du système du monde, une incertitude de plus de 5oo,ooo lieues de 4 kilomètres chacune? A quoi bon donner avec cinq ou six décimales la densité du cristal de roche ou du diamant, tandis que deux échantillons de ces minéraux diffèrent déjà l'un de l'autre dans les centièmes? A quoi bon dans un budget de un ou deux milliards mentionner les centimes, et dans une population de trente à quarante millions d'individus mettre les dizaines ou même les unités du chiffre total?

Quand on présente aux bons esprits ces formes de calcul abrégées, ils les trouvent tellement simples, qu'ils sont tentés de se récrier et de dire : Je savais déjà cela. D'accord: mais comme un grand nombre de possibilités finissent par faire une impossibilité, j'ai pensé que ce dont je n'avais acquis l'ensemble qu'au prix d'une longue expérience pourrait être procuré sans peine à tous ceux qui, dans les sciences, dans les ateliers, dans l'observation des phénomènes de la nature, ont besoin continuellement du calcul algébrique, géométrique et arithmétique, comme d'un *outil* intellectuel.

Ce mot très-modeste d'outil rend bien exactement ma pensée. Voyez Napoléon cubant la grande pyramide d'Égypte; il ne la met pas en pouces et en lignes cubes. Il s'arrête aux chiffres utiles, et il en conclut qu'avec les matériaux de cette immense fabrique on ferait un mur d'enceinte pour tout le pays qui environne la vallée du Nil. Laplace ose attaquer de face les inextricables complications des mouvements planétaires. Les calculs, simplifiés par des approximations convenables, le mettent en possession des plus belles lois du système du monde, dont ils lui révèlent et le passé et l'avenir. Fresnel se prend aux théories de l'optique avec le génie de l'observation et les notions mathématiques que possèdent tous nos élèves de l'École Polytechnique. Devant ses calculs pratiques, toutes les difficultés théoriques s'aplanissent. Il a instinctivement le génie du bon sens. Tacite donne comme éloge à son héros de n'avoir pas outré la sagesse. On peut louer de même Fresnel de n'avoir pas ambitionné de faire des calculs trop savants. Il est bien entendu que je n'entends rien ôter au mérite de ceux qui, comme Cauchy, ont su avec l'analyse faire de véritables miracles.

La mécanique des machines usuelles, la physique et ses nombreuses branches, la chimie théorique et pratique, l'astronomie et ses mille applications, la géodésie, la trigonométrie, la statistique, l'économie politique, enfin les calculs de tête, où souvent un résultat obtenu au vingtième ou même au dixième est suffisant, toutes les sciences de faits et d'observation trouvent d'utiles et indispensables auxiliaires dans les calculs pratiques. Lagrange assistant aux leçons de Monge sur la géométrie descriptive, l'une des supériorités pratiques de l'École Polytechnique, disait assez malicieusement : « Je ne me doutais pas que je savais d'avance la géométrie descriptive. » Sans contester les utilités de détail que ce grand génie mathématique *ne savait peut-être pas* ou auxquelles il n'avait pas pensé déjà, on peut, sans trop de modestie, se figurer que l'on n'est pas un Lagrange.

J'ai donc cru faire une chose utile de rassembler tout ce qui, dans les approximations, dans les solutions empiriques, dans les interpolations, dans les séries, dans les applications de l'algèbre, de la géométrie, de la trigonométrie, de l'arithmétique, de la mécanique, ainsi que dans l'établissement des lois physiques, peut être d'un usage continuel, et économiser de pénibles et inutiles recherches mathématiques. Presque toujours une petite formule d'approximation permet de calculer, avec des Tables de logarithmes à 5 ou à 7 décimales, ce qui exigerait l'emploi de Tables à 10 décimales, avec une moindre certitude sur les chiffres vraiment utiles du résultat définitif. Là, comme ailleurs, du bon sens et peu de mathématiques vont plus loin et plus sûrement que les qualités opposées. En tout cas, rien n'empêche d'appeler, si l'on peut, l'analyse rigoureuse en vérification du calcul pratique et simple. « A quoi bon, disais-je à l'illustre Dulong, mettre 7 ou 8 décimales dans le rapport de réfraction relatif aux phénomènes de la double réfraction, tandis que déjà les déterminations expérimentales ne s'accordent pas entre elles dans la troisième décimale ? » Il me répondit avec une gravité ironique : « Je ne vois pas pourquoi on supprimerait les dernières décimales; car si les premières sont fausses, peut-être les dernières sont-elles justes ! »

Je répète en finissant que si l'on étudie la marche qu'ont suivie tous ceux qui ont fait faire de grands progrès aux sciences d'application, on trouvera qu'ils ont eu le talent des calculs pratiques chacun dans sa sphère. La liste des savants et des praticiens morts ou vivants serait ici trop longue à donner et semblerait suspecte ou d'envie ou de flatterie. Ceux qui pourront dire *Je savais tout cela* sont priés de recevoir mes excuses, et ceux qui ont quelque chose à y apprendre sont priés de me savoir gré de ma bonne volonté. Les uns et les autres m'aideront sans doute à perfectionner cet emploi du bon sens mathématique.

J'avais depuis longtemps en portefeuille cette étude sur les calculs pratiques, et dans le cours de Physique de la Faculté des Sciences, où j'ai eu, plusieurs années de suite, l'honneur de suppléer M. Pouillet, je consacrais le dernier quart d'heure à l'exposé de ces simples calculs, de ces outils mathématiques, qui réunissaient un grand nombre d'auditeurs d'élite. Je pense que de longtemps encore je n'aurais eu le loisir ou, si l'on veut, la présomption de les offrir au public, si je n'avais trouvé dans M. Housel, de l'École Normale, un collaborateur ou plutôt un vrai rédacteur en chef, qui s'est chargé de coordonner, de démontrer et d'éclaircir par des exemples tout ce que ma longue expérience m'avait fait mettre en usage. L'ouvrage en ce sens lui appartient tout autant qu'à moi, et sauf mon autorité académique (si du moins il y a autorité dans les sciences), je ne prétends comme lui qu'au mérite d'avoir essayé d'être utile.

BABINET, de l'Institut

Paris. — Imprimerie de Mallet-Bachelier, rue du Jardinet, 12.